商务英语翻译与教学研究

顾琳　著

延边大学出版社

图书在版编目（CIP）数据

商务英语翻译与教学研究 / 顾琳著. -- 延吉 ：延
边大学出版社, 2020. 12
ISBN 978-7-230-00319-3

Ⅰ.①商… Ⅱ.①顾… Ⅲ.①商务－英语－翻译②商
务－英语－教学研究 Ⅳ.①F7

中国版本图书馆 CIP 数据核字（2020）第 241344 号

商务英语翻译与教学研究

著　　者：顾　琳
责任编辑：任绪成
封面设计：延大兴业
出版发行：延边大学出版社
社　　址：吉林省延吉市公园路 977 号　　　邮　　编：133002
网　　址：http://www.ydcbs.com　　　E-mail：ydcbs@ydcbs.com
电　　话：0433-2732435　　　　　　传　　真：0433-2732434
制　　作：山东延大兴业文化传媒有限责任公司
印　　刷：延边延大兴业数码印务有限责任公司
开　　本：787×1092　 1/16
印　　张：11
字　　数：200 千字
版　　次：2022 年 3 月 第 1 版
印　　次：2022 年 3 月 第 1 次印刷
书　　号：ISBN 978-7-230-00319-3

定价：56. 00 元

作 者 简 介

顾琳，女，河南周口人。硕士研究生，毕业于山西师范大学。研究方向为外国语言学及应用语言学。现就职于周口师范学院外国语学院。

前　　言

　　在高校商务英语专业教学中，商务英语翻译是一门专业的核心课程，目的是帮助学生熟练掌握与运用语言技能、商务知识，提升商务英语翻译的能力。在传统翻译教学模式中，翻译能力的培养多局限于静态的过程，课堂上教师是知识的传授者，而学生往往是被动的接受者。这种教学模式过于单一，无法充分发挥翻译教学的效果，导致学生在整个学习过程中严重缺乏创新精神和探索能力，甚至会影响学生的翻译学习能力。因此，如何提升学生的翻译能力成为亟待解决的问题。

　　在商务英语翻译教学中，学生是教学的主体，是贯穿整个翻译教学活动的关键性要素。因此，教师在教学活动中应该以学生为根本，做好对学生的提前调查工作。只有充分了解学生的思想状态，才能保证教师采取的教学模式符合学生的需求。

　　在翻译课程学习中，教师应该对学生在各个教学环节的表现、问题进行提前调查。只有加强教师的教学引导功能，了解学生所思所想，才能深入学生内心，提升学生对商务英语翻译学习的认知能力；才能系统性地整理、归纳学生对翻译学习的各种想法；才能用最有效、最简单的方法帮助学生更快、更好地掌握商务英语翻译课程的真谛。

　　综上所述，在全球经济不断发展的今天，商务英语翻译专业越来越受人们的青睐。教师如何更好地提升学生的翻译、学习能力，已成为教学过程的关键。教师要认真思考当前的教学现状，借助教学改革的东风，深入了解我们是为了"翻译教学"，还是"教学翻译"而努力，并且要实现两者的融合共用，发挥各自所长。教师要站在多个角度全面看待商务英语翻译课程，实施不同的方案，采取科学、有效的优化策略，训练好学生的基本功，培养学生的创新意识，促使学生更主动、更积极地学习、探索英语翻译知识。

目　录

第一章　商务英语翻译的概述

第一节　商务英语翻译中
存在的问题

对于从事翻译的人员而言，如何准确翻译是翻译工作的重难点。随着我国对外交流的不断增多，对外经济合作规模的不断扩大，英语的使用率也不断提高。因此，实现准确的英语翻译已成为贸易交流中的重要工作。从目前的情况来看，由于商务英语翻译失误导致对外合作失败的案例依然很多。本节从不同方面阐述商务英语翻译中存在的问题并提出相应对策，为商务英语翻译研究提供理论参考依据。

一、商务英语翻译的特点

商务英语除了具备普通英语的语言学特征以外，还具有商务贸易的特征。与普通的语言翻译相比，商务英语的翻译难度要大得多。随着时代的进步和发展，商务英语在商务活动中发挥的作用越来越大。商务英语翻译不仅能解决双方的语言沟通问题，还能为双方的贸易活动创造巨大的经济价值。

通常来说，商务英语翻译有以下三个特点：第一，翻译意义忠实完整。这里所说的完整是指翻译内容的完整，译者在翻译时应该充分表达原文化信息所传达的内容，让听者能够完整地接收表达者传递的信息。这是商务英语翻译中最重要的特点。第二，专业术语具体准确。商务贸易活动中有许多专业性术语，译者在翻译时应该使用对应的专业术语，让听者能够接收到原汁原味的专业术语所传达的信息。第三，翻译时应该保证翻译语言简洁明了。简洁明了是商务贸易活动的主旋律，既能提高双方的交易效率，也能体现双方商务贸易活动的专业性。

二、商务英语翻译中的常见问题

（一）词汇翻译不准确

英语词汇翻译不准确是我国商务英语乃至全球商务英语翻译中的一个突出的问题。目前商务英语翻译中词汇使用不准确的主要原因有：① 英语中的一词多义现象，如 China 一词不仅有"中国"的意思，还有"瓷器"的意思，这导致译者在商务谈判等特殊场合中难以在有限的时间内迅速理解并对应翻译出对方想要表达的意思，特别是在对外经济谈判中，时间比较紧张，易使译者在理解上出现一定的偏差；② 在对外商业谈判中可能会遇到一些使用率比较低的生僻词汇，经验不足的译者会根据自己对词汇大概意思的猜测进行翻译，从而产生翻译误差。商务英语词汇翻译不准确将会给商务谈判带来非常严重的后果，特别是一些数据或谈判重点词汇的翻译错误，在以后将会给商家带来难以计数的损失。

（二）句子翻译不准确

在商务英语翻译中绝对不能忽视文化差异。如果译者在商务英语翻译中忽视文化差异，或者是没有认识到文化差异带来的影响，将会导致翻译不准确。在中国文化背景下，人们在交流时注重意思的表达，很少关注句与句间的逻辑关系。但是以英语为母语的国家则恰好相反，他们在交流过程中，运用逻辑思维的频率非常高。如果商务英语的译者没有意识到双方在这方面的差距，就很可能导致在翻译句子的过程中出现错误。

三、解决商务英语翻译中存在问题的对策

（一）培养跨文化翻译的意识

每个国家和地区都有各自的历史文化传统。只有充分了解双方国家或地区的文化传统，才能够更好地理解原文的意思，更好地解决商务英语中跨文化翻译的问题，更好地进行商业交易往来。商务英语翻译人员必须提前了解对方国家的母语说话方式以及语言特点，熟知翻译中的文化差异；商务英语翻译人员必须具有较高的专业能力、专业素养，能够及时发现并避免文化差异带来的翻译误差，具有跨文化翻译的意识。

（二）提高师资水平

在商务英语翻译的教学课堂上，如果想把学生的翻译基础打得更为牢靠，离不开教师的引导与培养。如果从事商务英语翻译的人，在校学习时就能在教师的引导下发现和掌握许多的翻译方法，那么在后来的实际操作中就不会有太多的困难。当然教师本身的教学水平也要很高，教师只有把自身的教学水平提高了，才能够培养出优秀的商务英语翻译人才，才能让他们在翻译过程中更加准确地运用语言。可是到目前为止，我国的商务英语翻译教师的翻译水平仍有较大进步空间。学校要通过多种途径来提升英语翻译教师的翻译水平，这样才有利于培养出更多、更好的商务英语翻译人才。这也是解决我国商务英语翻译中存在问题的方法之一。

（三）丰富教学方式

想要不断培养出更多的商务英语翻译人才，教师应该采取多种多样的教学方式：① 通过让学生发表文章、上台演讲、模拟商务对话等方式，有效提高学生的商务英语翻译能力；② 要鼓励学生大胆地说，放心地说，说完后，教师还要及时、有针对性地找到学生在翻译过程中暴露的问题并加以解决；③ 要针对学生的兴趣选择不同的教学方式，让学生在学习过程中对商务英语翻译产生兴趣。

总之，不断地提升译者的个人修养及专业素养，进而大幅度提升商务英语的翻译质量。译者还应该自觉培养跨文化意识，争取在翻译过程中不丢失信息点，能完整地表述说者的意思，达到较为理想的商务英语翻译效果。

第二节　功能对等理论下的
商务英语翻译

在经济全球化的大背景下，商务英语翻译逐渐被人们所重视。著名的美国理论翻译家尤金·A.奈达（Eugene Nida）的功能对等理论对商务英语中各类文本的翻译有着重要的指导作用。功能对等理论不仅有助于准确地翻译商务英语中的各类文本，而且能将不同国家的语言及文化特点翻译出来，尽可能降低目的语与源语言的差异。本节主要探讨了如何应用功能对等理论对商标、信用证、合同、信函与广告文本进行翻译。

随着全球文化多元化和经济一体化进程的加快，中国与世界各国的文化、经济交流也更加紧密。因此，商务英语作为专门应用到商务活动中的专业英语，在全球的贸易活动中扮演着重要的角色。商务英语翻译比日常英语中的翻译更加专业与严谨，因此译者除了要拥有扎实的英语翻译技能外，还必须熟悉商务贸易中的相关操作与专业术语，并能将这些不同文化下的思维方式和价值观反映到译文中。在翻译不同文本的商务英语时，译者既要考虑意义上的对等，还要考虑译文风格上的对等。此时，译者采取哪种翻译策略使翻译文本能够最大限度地实现意义与风格上的对等，对最终的商务英语翻译效果具有不可忽视的重要影响。

一、功能对等理论概述

20世纪60年代，奈达在《翻译科学探索》一书中提出了"动态对等"这一翻译概念。随着理论的发展，奈达认为"动态"二字在翻译上容易产生误解，为了保证目的语与源语言之间的转换有一个标准，以减少翻译间的误差，奈达从语言学的角度出发，根据动态对等的概念延伸出了功能对等翻译理论。

功能对等概念的核心内容是：原文读者对译文的理解与译文读者对原文的理解差不多相同。奈达追求的理念是"意义是最重要的，形式其次"。由于源语言与目的语之间可能存在语言文化差异，为了保证原文读者对原文的理解与译文读者对译文的理解基本相同，要求译者必须精准地处理这些不同语言间的差异。为了准确地再现源语文化，译者应坚持源语言和目的语在功能上的对等。如果原文和译文的语言形式各异，为了保留原文的内容与文化，改变原文的形式就成了译者在翻译时的一个必要步骤。

二、功能对等理论对商务英语翻译的指导作用

商务英语作为一门专业性极强的英语，准确性和专业性是其最基本的两个准则。由于商务贸易交流中包含许多领域的专业知识，如会计、法律、投资等。因而在实际的商务英语翻译活动中，译者不仅要将其所从事的商务贸易领域中的专业知识熟记于心，还要系统地学习相关的商务英语专业术语，这样译文读者才可以准确地了解并掌握原文的语言信息。商务英语翻译的重点在译文读者的反馈上，这与奈达的功能对等理论中"重视读者的真实反应与信息的传递"的理念完全一致。由此可知，功能对等理论在商务英语翻译中具有很大的理论价值和实践指导意义。

功能对等翻译学说认为，为了准确地向译文读者传递原文的信息，实现源语言与目的语之间的内容对等，翻译的目的不仅需要包含语义上的对等，还应包含风格上的对等。

在日常的翻译过程中，语义层面的对等是译者应当掌握的最基本的能力，商务英语翻译也不例外。商务英语翻译的目的是正确地传达原文的语言信息，使两种语言间的信息实现成功转换。在此过程中，译者只有精准地把握原文的内容，才能够将原文的内容翻译出对等的效果，这就要求译者能够从语义层面译出对等的效果。语义层面的对等包括词汇、句子、篇幅上的对等，这要求译者能够准确和熟练地把握商务英语中的众多专业词汇和专业术语。

戴比尔斯钻石珠宝公司的广告语就采取了风格对等的翻译手法。这家公司致力于打造世界上最美丽、最优质的钻石，并通过世界顶级的工匠技艺和精湛的设计，创造出永恒的珍品。译者将"A diamond lasts forever."译为"钻石恒久远，一颗永流传"，不仅准确地传达了源语言的信息和神韵，也将戴比尔斯钻石珠宝公司的经营理念和品牌价值传达给了消费者。

三、功能对等理论下的商务英语翻译策略

（一）异化与归化

在翻译的过程中，异化是一种既能维持原文形式，又能让原文通顺易懂的翻译手法。在实际的商务英语文本翻译中，如果原文语言和译文语言在形式、文化、风格和结构等方面的差异很细微，就可以采用异化的翻译形式。这样译文不仅可以满足功能对等的要求，还能够将原文语言的形式、文化、风格和结构等原汁原味地表达出来。

归化翻译的特点是注重对原文大意的整体把握，不讲究逐字逐句的翻译，使译文语言能够展现其独特的民族文化与地域特色。使用归化翻译时需要遵循三个基本原则，即精确掌握专业术语、忠实原文主旨、使用切合译文语言的措辞风格。在商务英语翻译中，如果原文语言和译文语言在形式、语义、风格和文化等方面的差异较为明显时，使用归化翻译不仅能够很好地处理译文语言中不存在的对等翻译，还能够更好地传达两种语言的文化因素，实现功能上的对等。

（二）不同文本的商务英语翻译策略

在商务英语翻译活动中，为了使目的语与源语言在语义和风格上均能达到功能对等，译者应当针对不同的情况，灵活运用不同的翻译策略。

1.功能对等理论下的商务文本翻译

由于商务英语拥有较强的实用性、专业性，所以要求译者在翻译相关的商务文本时，除了要精确地把握语义，还要尽量多地使用礼貌用语，使语言表达得清楚、完整。只有提高译者的跨文化意识，才能将源语言的文化风格翻译到目的语的文化风格中去，以达到风格上的对等，使商务业务的开展更加顺利。

2.功能对等理论下的广告翻译

商务广告是一种向大众推荐产品、宣传商品的宣传方式。其目的是通过说服大众来推销观念、商品或服务，引导消费者进行消费，从而使广告投资者因销售而收益。这就要求商务广告的译文须具有相对明显的推销性和诱惑性。广告属于一种文化产物，不同思维模式、价值取向、审美特点等都会直接影响广告的宣传效果。因此，在不同文化背景播放商务广告时，译文不仅要突出商品本身的特征，还要将其文化内涵表达出来。

例 1：We lead. Others copy！

译文：我们领先，他人仿效。

例 2：A diamond lasts forever.

译文：钻石恒久远，一颗永流传。

原文语言表达内容简单易懂，行文对称押韵。译者只需按照其字面的意思翻译，便可以将原文的内涵与外延表达清楚。在此情况下，异化翻译就是一个很好的选择。

3.功能对等理论下的商标翻译

随着经济全球化的发展，全球的公司都在努力建立符合自己企业形象的特殊标签。商标作为一个经营者的品牌或服务，是区别于其他经营者的品牌或服务的标记，其商标的翻译效果将直接影响广大消费者对商品的认可程度。在商标的英语翻译中，运用功能对等理论能够巧妙地打破文化间的差异，从而实现商标翻译的文化对等。

例 3：Red Dragonfly

译文：红蜻蜓

例 4：Belle

译文：百丽

"红蜻蜓"鞋业的品牌理念是"文化、亲和、自然"。将 Red Dragonfly 译成"红蜻蜓"，通过使用异化的翻译策略，将原文的内容完全、自然地在译文中表达了出来，恰好与产品的品牌理念不谋而合，完成了语义和风格上的对等。Belle 作为生产各类皮件的大型公司，其追求的理念是"在变化中显现其内涵和外延的高贵特点"。译者为了使消费者能够显而易见地体会其内在的含义，并未采用异化的翻译策略将其译为"美女"，而是采用归化的翻译策略，将 Belle 译为"百丽"。这样不仅涵盖了原商标"百变所以美丽"的内涵，而且"百丽"与其读音相近，容易被消费者记住，也符合中国人的习惯。

4.功能对等理论下的函电翻译

商务函电的格式及内容与日常的函电不同，商务函电的文本有规范的写作格式，通常由信头、日期、收件人的名称及地址、称谓、正文、结束语和写信人的签名七个要素构成，其作用是通过这种规范的文本使买卖双方间的业务往来高效率地进行。商务函电通常遵循七条写作原则，即完整原则、具体原则、清楚原则、简洁原则、礼貌原则、体谅原则及正确原则。译者应把原文所要表达的交际目的作为商务英语翻译的核心标准，使原文所要表达的效果与译文所要表达的效果一致，达到信息对等传递。

例 5：We believe that you would pay more attention to the packing to prevent damage in transit.

译文：我方相信，贵公司会在包装上多加注意，以防运输途中受损。

由例句可以看出，这种通用的商务英语翻译，若直接按照字面的意义将源语言翻译成所需的目的语，也不会因为文化上的差异而造成理解上的偏差。因此，翻译时不用做太大的变动，采用异化翻译即可将原文所要传达的所有信息正确地表述出来。

例 6：This recommendation is made in the interest of both parties.

译文：这一建议是为了双方的利益而提出的。

这里把 is made in 译为"照顾到"，采用了归化翻译法。当源语言的语言文化与目的语的语言文化差异较大时，可借鉴奈达的功能对等理论，直接用目的语的语言结构和文化内涵来翻译函电的内容，促成源语言和目的语在意义上的对等。

5.功能对等理论下的信用证翻译

信用证作为国家之间商务贸易活动中最重要且最常用的一种支付手段，其不仅具有支付功能，还是具有法律效力的文件。因此，信用证的语言在一定程度上应当具有法律语言的特色，即用词严谨，专业性强。

例 7：Then negotiation bank is authorized to claim reimbursement by tested telex/Swift from Agricultural Bank of China America branch at sight basis.

译文：然后授权议付行以 Swift 电码或电传的形式向中国农业银行美国支行索偿。

为达到功能和信息交流上的对等，在例 7 的译文中，译者既采用了异化法，又采用了归化法。译者在翻译银行名称时，使用异化的翻译策略将 Agricultural Bank of China America branch 译为"中国农业银行美国支行"。采用归化法将 negotiation bank 译为"议付行"，将 tested telex/Swift 译为"以 Swift 电码或电传的形式"。

6.功能对等理论下的合同翻译

合同是签署双方设立、变更及终止民事关系的协议。合同翻译最基本的特点就是专业性强，法律术语多。由于汉语和英语的法律用语都强调准确，在起草和翻译合同的过程中，译者既需要掌握中文版的法律相关专业术语，也需要掌握英文版的法律相关专业术语。

例 8：In order to facilitate business in consideration of the present monetary stringency, the corporation, on behalf of which I am studying this proposition, is willing to base transaction on trade by barter and would import any articles, which you would ship to the United States.

译文：近来银根紧缩，为达成交易，本人代表公司正在学习怎样完成这笔交易，我方希望以易货贸易为基础，进口贵公司可以运到美国的任何商品。

例8不仅将英文中的指定意义翻译了出来，还将英文中的联想意义翻译了出来。monetary stringency 的意思是"银根紧缩"而不是"货币紧缩"。如果译者不了解商务英语合同中相关专业术语的知识，而将 monetary stringency 翻译为"货币紧缩"，便不能准确地传达商务合同中所要表达的信息。同时，为了达到信息交换和表达效果上的对等，译者在这里不仅采用了归化翻译法，还采用了异化法。例如，将 in order to facilitate business 译为"为谋求达成交易"。为了实现功能上的对等，即便是同一商务文本，译者也可以采用不同的翻译手段。

商务英语翻译的过程不仅需要译者具有扎实的双语语言基础，熟悉相关的专业知识，了解各个国家间的文化差异，还需要译者能够灵活应用不同的翻译策略。所有的商务文本翻译都有一个共同的追求，那就是源语言和目的语在内容、信息、表达方法、文体、措辞、文化、社会成分等方面皆达到功能对等，使译文读者对译文的理解同原文读者对原文的理解尽可能相同，这恰恰符合奈达的功能对等理论的精神实质。因此，功能对等理论对各类商务文本翻译策略都具有指导作用。

第三节 商务英语翻译中的
"信""达""雅"

随着世界经济的迅速发展和全球化进程的不断深入，商务活动成为促进社会发展的重要部分。商务英语翻译只有做到准确、通顺、优雅，才能充分发挥其在国际经济交流中的桥梁作用。本节在简要讨论商务英语特点的基础上，重点阐述"信""达""雅"作为翻译原则在商务英语翻译实践中的体现和应用。

翻译是指用一种语言形式将另一种语言形式的内容再现出来的实践活动，是人类在不同语言和不同文化之间进行信息传递与情感沟通的重要桥梁。简单地讲，商务英语是指以服务商业活动为目的的英语，商务英语翻译就是与商务活动有关的英语翻译，包括商务交流、营销谈判、国际贸易、商标命名等。商务英语属于专门用途英语的一个分支，虽然具有自身的语言特点，但与普通英语并没有本质上的区别。由于商务活动一定会涉及买卖双方的经济利益，所以商务英语翻译也呈现出鲜明的目的性和特殊性。因此，译者必须严谨措辞，最大限度地避免由于误译而给参与商务活动双方带来合作上的阻碍，甚至造成经济上的损失。因此，原文中所表达的内容、情感和风格等因素，都需要在商务英语翻译中凭借合理的翻译标准或尺度加以体现。

一、商务英语的特点

商务英语既是专门用途英语的重要分支，也是现代英语的功能变体之一。它源于普通英语，具有普通英语的语言学特征。但与传统的文学翻译相比，商务英语因受到商业习惯、商务语境和交际功能的制约，形成了特有的文本特点。

（一）专业性

商务英语具有很强的专业性，其专业性主要体现在词汇和句式上。在商务英语翻译过程中，译者不仅会遇到大量的商务专业词汇，还会发现许多与普通英语表达意义截然不同的词汇。如果翻译不当，不仅会给商务洽谈带来不良后果，还可能会造成名誉或经济损失。除此以外，商务英语文本中还有许多复合词、缩略词，以及大量的长句（如被动句、多重复合句），这些都给翻译带来不小的障碍。

（二）目的性

商务英语是一种具有很强的目的性的实用文体。商务英语在文体上可分为广告、单证、契约、说明书、协议、商务信函、商务合同等。为了实现商务活动的交际目的，企业需要在商务实践中根据不同的语境选择合适的文体，如广告主要是为了推销产品和提供服务，因此具有明显的宣传功能；商务信函是以传递和沟通信息为目的的信函，通常比较正式而委婉。

（三）实践性

商务英语是一种实践性很强的经济性语言。由于商务活动非常讲究工作效率，因此商务英语的文体通常具有简明精练、逻辑合理、意义连贯的特点。

二、商务英语翻译的基本原则

翻译的标准历来众说纷纭。我国清末著名的大翻译家严复在《天演论》中提出了"信、达、雅"的翻译标准。"信"指译文意义不悖原文，即译文要准确，不偏离，不遗漏，不随意增减；"达"指译文不拘泥于原文形式，要通顺明白；"雅"则指译文所选用的词语要得体，追求文章本身优美、优雅的风格。简而言之，就是翻译要做到准确、通顺、优雅。此后，又有傅雷的"神似"、钱钟书的"化境"等。在西方，比较有影响力的是奈达的"功能对等"理论。笔者认为，翻译原则的主张虽多，但究其根本，似乎都是在"信、达、雅"的基础上，或延伸或偏重了某些方面，始终没有远离其精髓。

（一）商务英语翻译中的"信"

"信"是指准确、忠于原文，即用另一种语言把原文所表达的意思准确无误地重新表达出来。译者既要忠实于原文内容，也要确保译文本身表达的准确性，避免含糊不清、生硬晦涩。"信"在商务英语翻译中最直接的表现，就是对商务专用术语的翻译。准确恰当地对专业词汇、缩略语等进行翻译，这是准确描述商务活动中涉及的合同、协议、相关票据和凭证的前提。确保整个商务活动信息准确，是能够顺利进行随后贸易活动的必要条件。

第一，熟悉商务英语常用词汇和表达习惯是实现"信"的基础。例如，exporter/importer（出口商/进口商）；obligation（义务）；distribution of risks（风险划分）；transfer of ownership（所有权转移）；implementation of the contract（履行合同）；exemption from liability（免责）；inland waterway transport（内河运输）等。此外，地址、人名、职位、单位名称等也需要准确表达。

第二，商务英语中有大量的缩略语，如常用的人名和地名、组织机构名称、商务专业术语等。这些缩略语在人们的长期的贸易实践中被认可并总结出来，它们的词义清楚、简洁明确，能起到简化交易过程、提高工作效率的作用。例如，ICC（国际商会）；FOB（船上交货）；CFR（成本加运费）；CIF（成本、保险加运费）；EXW（工厂交货）；B/L（提单）；F. P. A.（平安险）；AAR（一切险）；W/W clause（仓至仓条款）；M/T（信汇）；T/T（电汇）；D/A（承兑交单）；D/P（付款交单）；CPI（消费物价指数）；3PL（第三方物流）；NWC（净流动资本）；GATT（关税及贸易总协定）；WIPO（世界知识产权组织）等。

第三，在商务英语和普通英语的使用中，许多词汇意义存在着较大差异或具有特定的含义，对这些词汇的正确把握也体现了"信"的翻译原则。例如，carriage（运费）；partial shipment（分批装运）；CFR Liner Terms（CFR 班轮条件）；shipping advice（装运通知）；acceptance（承兑）；endorsement（背书）；policy（保险单）；average（海损）；particular average（单独海损）；discount（贴现）；commission（佣金）；a bill of exchange/draft（汇票）；sight draft（即期汇票）；a promissory note（本票）；Force Majeure（不可抗力）；sale as seen（看货买卖）；letter of credit（信用证）等。在人们长期的商务活动和交易中，形成了大量的习惯性词组和固定化搭配，译者在翻译时必须尊重惯例搭配的表达方式。如果违反了这些约定性的习惯翻译，就可能在某种程度上与"信"的原则背道而驰。

（二）商务英语翻译中的"达"

"达"指流畅易懂、表达清晰。商务英语翻译中的"达"在句子的翻译上体现得比较明显。单据、合同等各类文书都具有较强的逻辑性和严谨性，译者在对这类商务英语文本进行翻译时，一定要先对原文的含义进行充分理解，再进行通顺、流畅的如实翻译。无论是言不及义还是言过其实，都是没有遵守"达"的原则，没有达到"达"的要求。有时，不严谨的译文还会给贸易双方造成商务纠纷、经济损失以及信誉损失。

英汉语言在表达上有一个显著的差异，即在信息陈述或理论性较强的文体中，英语句子多使用被动语态，而汉语句子的主动语态居多。

例 1：Quality, quantity, packing and price clause are usually regarded as the major terms and conditions and are integral parts of a sales contract.

译文：人们通常认为品质、数量、包装和价格是销售合同中的重要条款和必要组成部分。

该句是用被动语态表达的，翻译时采用主动语态比较合适，也更符合汉语的表达习惯。

一般来说，翻译句子时可以根据上下文和不同句式，灵活采用顺译法、逆译法、分译法或合译法等。在商务英语翻译中，商务合同文本中经常会出现一些长句，句式上以陈述句居多，作用是为了明确陈述并规定不同的当事人在相关商务活动中的权利和义务。这些长句在句式结构上通常比较复杂，分句多，层次多，有时甚至一个句子就是一个段落。所以在翻译时，译者要先弄清楚整个句子的层次关系，找出中心结构，再将各层次一一分解，理清各层之间的逻辑关系，最后遵循汉语的表达方式和习惯，准确通顺地译出原文内容。在翻译这样的长句时，无须拘泥于原文的句式结构。

例 2：Should either of the parties to the contract be prevented from executing the contract by Force Majeure, such as flood, earthquake, typhoon, war or other unforeseen events, and their occurrence and consequences are unpreventable and unavoidable, the prevented party shall notify the other party by telegram without any delay.

译文：在合作期间，如发生洪水、地震、台风、战争或其他不可预见并且对其发生和结果不可防止及避免的不可抗力事件，导致不能按约定条件履行合同时，遭遇上述不可抗力的一方，应立即将事故的情况打电报通知另一方。

这是一个较长的句子，包含 and 引导的并列句，其中的若干个词又分别含有若干个修饰成分。但是只要认真梳理层次间的逻辑关系，采用分译法，就可以不受原文的结构限制，译出完整而通顺的译文。

（三）商务英语翻译中的"雅"

如果说"信"和"达"是对商务英语翻译的"硬"要求，可以用"对与错"来明确界定，那么"雅"实际上是一种"软"要求，体现在感觉或程度上的差别。"雅"更侧重于形式上的标准和恰当，好比是为"信"和"达"的译文再配以精美的包装，有锦上添花、画龙点睛的效果。在商务英语翻译的过程中，译者应该仔细阅读原文，充分理解原文的意义后再进行翻译，力图使译文在文体形式、内容、风格等方面都实现"雅"。

以商务信函为例，虽然东西方国家存在一定的文化差异，但礼貌行为准则是通用的。商务英语信函的行文与古代汉语中的表达有相似之处，也常会使用一些较为固定的开场套语、转承句、结束语等。因此，在国际商务英语信函的翻译中，经常采用"仿文言体"的翻译法，这样的译文语气委婉，表意精练，行文规范，具有文化内涵。

第四节　互联网视角下的
商务英语翻译

随着网络信息技术的发展，外语教育立足于"互联网+"的改革和创新，开始培养适应现代国际贸易发展需求的商务英语人才。同时国际化趋势日益明显，商务英语翻译也要逐渐适应时代发展，保持时效性，紧跟市场步伐。本节在"互联网+"背景下，分析商务英语翻译的特点，探究商务英语翻译的不同技巧。

随着网络信息技术的发展，我国在"十三五"时期，大力推广"互联网+"，不仅将其运用于各类行业，还鼓励教育者利用互联网信息技术推动教育的改革和创新。教育部发布《教育信息化十年发展规划（2011—2020 年）》，提出要推动信息技术与高等教育的深度融合，实现教育内容、教学手段和方法现代化，从而全面提高高等教育质量。"互联网+"背景下的商务英语教育是对传统商务英语教育的重构，目的是培养应用型人才，将商务英语课程建设、改革、创新与信息技术深度融合，共建、共享教学资源。

一、商务英语翻译的技巧

商务英语翻译不仅是一种语言交流，更是贸易国之间的文化交流。不同国家存在着一定的文化差异，因此在翻译时用词准确显得尤为重要。译者只有掌握好商务英语翻译技巧，才能在商务活动中游刃有余。

第一，熟悉专业术语。商务英语包含商务理论和商务实践，翻译内容具有极强的专业性。商务英语的词汇都是具有商务含义的普通词或复合词以及缩略词等，如

Exp. & Imp. Inc（export and import incorporated；进出口公司）、for ex（foreign exchange；外汇）、collection（托收）、quotation（报价）、average（海损）等。在大量的专业术语中，如果译者没有一定的专业知识，是无法从专业角度翻译交易双方涉及的对话、合同等专业内容的。

第二，翻译用词规范。商务英语文体正式，尤其是公文、法律、新闻、广告，句子结构通常较为复杂。例如："The home of your dreams awaits you behind this door. Whether your taste be a country manor estate or a penthouse in the sky, you will find the following pages filled with the world's most elegant residences."中，该广告词中的 await、manor、elegant、residence 等均是正式语，代替了口语中的 wait、house、nice、place，使文体显得高雅庄重，既烘托出商品的高贵品质，又满足了消费者讲究身份、追求上等品质的心理。这里应分别以"恭候""企盼""宅第"等译出上述词汇，在风格语体方面尽量与原文保持一致。

第三，灵活应用增减词法。在英译汉、汉译英的环节，有时会根据具体上下文增加动词、形容词、名词等。但在什么时候增加什么样的词，才能恰到好处地翻译出具有当地文化特色的词汇与句子，就需要在长期的翻译实践过程中积累。以减词法为例，减词法可以使译文言简意赅，避免逐字翻译出现累赘、拖沓或不符合行文习惯甚至歧义的现象。

第四，结合语境选取正译法或反译法。英译汉中，将句子按照与英语相同的语序或表达方式译成汉语，称之为正译法；将句子按照与英语相反的语序或表达方式译成汉语，称之为反译法。以反译法为例，英语中有一些肯定形式的词语却具有否定含义，包括名词、动词、副词、形容词、介词等。名词中 neglect、failure、avoidance 等词具有否定的意义。例句："Shortness of time has required the omission of some states.（由于时间不够，没有访问某些国家。）"中，Shortness 为名词性的含蓄否定词。

二、利用网络信息技术提高翻译技巧

翻译技巧是商务英语翻译的重要部分，能锻炼译者的学习能力，提升译者的商务英语水平。李克强总理在 2015 年政府工作报告中首次提出"互联网+"概念，在互联网共享、共建资源的前提下，搭建商务英语翻译实践平台，推动校企合作或校区合作，能够使高校教育与社会实践相连接，有助于培养出更加符合国际贸易市场需求的人才。由于翻译资源与地区的无限制，打破了时空界限，增加了翻译实践。译者可通过互联网更加轻松有效地学习专业知识，增加国际文化知识学习；可通过互联网不同的资源翻译，积累自己的翻译知识。"互联网+"背景下的商务英语翻译，应以实践为导向，以网络信息技术为手段，用科学有效的方法达到准确翻译的目的。

第五节　目的论指导下的商务英语翻译

商务翻译作为一种交流手段和媒介，在国际商务活动中发挥了至关重要的作用。目的论的引入解决了传统翻译理论对于商务翻译实践有束缚的问题，"目的原则""连贯原则"和"忠实原则"的确立为商务翻译实践起到了指导作用，从而保证了商务翻译目标的有效实现。

随着经济全球化趋势的日益明显，国际贸易往来的日益频繁，使商务英语在国际商贸领域的主导地位不断加强。

据 1986 年数据统计，世界上以英语为母语的人近四亿，差不多每十个人中就有一个人讲英语。英国、美国、加拿大、澳大利亚、新西兰等国家的人都讲英语。另外，世界上还有 20 多个国家把英语作为官方语言或第二语言使用，共计约有八亿人。也就是说，世界上差不多每五人中就有一个人在一定程度上懂英语。

从使用的范围来看，全世界 70％以上的邮件是用英文书写或用英文写地址的，在全世界的广播节目中，60％是用英语进行的。世界上的科技资料，大部分是用英语发表的。绝大部分的国际会议以英语为第一通用语言。英语是联合国的正式工作语言之一。总之，在国际政治、军事、经济、科技、文化、贸易、交通运输等领域，通常以英语为交流工具。

商务英语作为英语的一种具有社会功能的变体，属于专门用途英语的一个分支，涉及营销、贸易、金融、管理、投资、物流等许多方面的商务交流。商务翻译在国际商务交流的过程中不可或缺。

一、目的论的内涵与基本原则

商务英语翻译比文学英语翻译要复杂得多，译者既要精通两种语言，熟悉翻译技巧，还要掌握大量的商务知识。因此，传统翻译理论中的标准和原则无法完全适用于商务英语翻译。在这种背景下，产生了以目的论为代表的功能翻译理论。

翻译的"目的论"于 20 世纪 70 年代由德国功能派学者汉斯·弗米尔（H. J. Vermeer）、莱斯（K. Reiss）、诺德（C. Nord）等提出。目的论的核心原则由三部分组成，即目的原则、连贯原则和忠实原则。该理论认为任何翻译的最高准则就是"目的原则"，即"目的决定手段"。翻译行为所要达到的目的应决定整个翻译行为的过程，即翻译目的决定翻译方法。连贯原则主要针对的是译文篇内语言及其与原文文化之间的关系，要求保证译文篇内语言的连贯。忠实原则近似于通常所说的译文应忠实于原文，但不同的是目的论中的"忠实原则"强调的是译文在交际效果和信息内涵这两方面对原文的忠实，而非在用词、语法和句式等方面完全对等。总而言之，"目的论"主张从译文读者的需求出发，根据译文预期目的或功能决定翻译方法和翻译策略。

二、"目的论"三原则在商务英语翻译中的指导作用

功能翻译理论认为原文和译文之间是各自独立的，并且是具有自身价值的文本。译者在翻译过程中要依据原文提供的信息，结合自身的文化背景和专业知识，经过充分理解、准确判断后将原文的语言、文化、专业等信息，有条件、有选择、有策略地传递给译文读者。在这一过程中，"目的论"三原则发挥着重要的引领作用。

（一）目的原则

目的原则决定商务翻译的方向。根据功能目的论，译文质量取决于其实用性、目的性和功能性的实现效果，也就是说对特定目的的满意程度是评判翻译效果的决定性因素。所谓的"特定目的"既包括翻译过程中译者的目的，又包括目的语境中译文的目的，还包括使用特定翻译策略所要达到的目的。目的原则突破了等值或对等翻译论对商务翻译的束缚，翻译不再是文本与文本之间的对等关系，译文的词语转换、句

式调整甚至文体选用都应由翻译活动的目的决定。

　　无论是以新颖性、传播性和创造力为特色的广告翻译，还是以严谨性、规范性和准确性为特色的合同翻译，翻译的核心都在于最终达到其商业目的。广告翻译以追求宣传效果、吸引消费者为目的，译文突显其创意和卖点，因而其对词语准确性和句式规范性的要求相对较低；合同翻译强调的是交易达成和顺利实施，译文凸显其严谨性和可操作性，因此对词语的准确性和句式的规范性要求很高。由此可见，"诗无达诂，译无定本"是商务翻译的一大特色，商务翻译的质量取决于商务目的的实现效果，而不是拘泥于词、句的一一对等。

　　（二）连贯原则

　　连贯原则决定商务翻译的接受程度。德国翻译目的论创始人汉斯·弗米尔（Hans Vermeer）最先提出"语际连贯"的概念，他认为，为了实现译文在目的语文化中的有效交际，译者应做到译文内部的连贯，即译文能为译文读者所理解和接受，或者译文在接受者的交际情境中是"连贯的"。在商务翻译中贯彻目的论的连贯原则，有助于提高译文的流畅性和连贯性，方便译文读者的阅读与理解。

　　译者首先依据目的原则确定译语文本的功能和所要达到的效果，然后判断源语言的形式和功能是否符合目的语的文化要求，即关注译语文本和源语言之间的关系。由于中西方文化背景不同，在翻译时译者除了要准确传达内容外，还要注意表达方式的得体性、相关文体的语言特点，以及目标受众的心理感受。以商务合同翻译为例，合同文本属于规范程度最高的契约文体，所以商务合同翻译使用的格式和语言要符合契约文体的特点。英文合同通常使用大量的长句和复合句以确保其严谨性、紧密性和规范性；英文商务合同还大量使用生僻词、古词以及近义词来突出其正式性和周密性。中文合同却存在很大的差异，中文合同多为单句，句子短，且动词多为常用词。因此，在商务合同的翻译过程中，尤其要注意句式转换和句意转换的连贯性，从而保证商务合同精确、完整、通顺，加强合作双方对合同的阅读与理解，避免在文化和语言表述上出现疏漏和偏差。

　　（三）忠实原则

　　忠实原则是商务翻译的保障。目的论中的"忠实原则"是指译文对原文的忠实，这一原则要求译者准确地将原文语言的信息用译文语言表达出来，实现信息内涵上的相等，要求译文与原文有相同的交际功能。这种相等只求信息能真实、完整、有效地传达，并不机械地要求用词、语法与句子结构的完全对等或一致。忠实原则既要求译者在进行商务翻译的过程中秉持客观公正的态度，不得对原文本进行故意地篡改、增译和删减，即"传递原文基本信息时不违背其本意"，并能够保证关键信息的高度准确性。对专业术语的处理就是一个典型的例子，要求译者自身拥有深厚的专业背景和丰富的专业知识。

三、三原则的相互关系

"目的原则""连贯原则"和"忠实原则"三者有机组合，构成了目的论的基本原则和主要内容，三者相辅相成，互为支撑。目的论摆脱了传统翻译理论中"对等理论"的束缚，不仅强调了翻译作为一种跨文化信息传递行为的最终目的与预期效果，还突出了译者在这一过程中起到的主导作用。

在商务翻译的实践过程中，目的论为翻译策略的选择提供了有效的指导。目的原则为实际的翻译活动树立了明确的目标，为译者的工作指明了方向；连贯原则保障了翻译过程中交际功能的有效实现，保证了原文内容的充分传达。将目的论应用于商务翻译实践，其核心是实现译文在商务环境中的交际效果与市场效益。因此，忠实原则从属于连贯原则，但二者必须服从目的原则。

从某一个角度上来看，翻译过程是一个创造性的过程，它是一种有明确目的的活动，需要译者积极发挥主观能动性。在国际交往和商贸往来日益频繁的今天，集语言能力、专业知识和跨文化交际技巧于一身的商务翻译发挥着重要作用。目的论的有效引入为商务翻译活动提供了有效的理论支撑和实践指导。

第二章 商务英语翻译的创新研究

第一节 中西方文化差异
与商务英语翻译

商务英语翻译离不开商务活动的开展,商务活动蕴含着丰富多样的文化、商务传统习俗和商务礼仪。英语和汉语两种不同的文化背景,造成了人们在生活习惯、思维方式、对事物的爱好以及语言表达方式上等多方面的明显差异。本节从东西方文化差异的角度出发,探讨其对商务英语翻译产生的影响。

随着对外经济和国际贸易的发展,不同文化之间的商务活动越来越多,商务英语翻译也在其中扮演着不可或缺的重要角色。商务活动和经济利益关系密切,如果翻译得体,可能会带来巨大的经济效益。相反,不成功的翻译不仅会给企业带来重大的经济损失,而且会直接影响企业的形象。因此翻译的准确性、得体性在商务英语翻译中显得尤为重要。

"商务英语"包含英语和商务两个层面,是人们在不同文化和语言背景下进行商务活动时所使用的国际通用语言。在 20 世纪 80 代的中国,商务英语主要用于对外贸易,因此又称"外贸英语"。随着经济全球化的发展,我国在更多的领域融入了国际社会,商务英语的内涵也得到了扩展。

商务英语多使用在跨国商务中,是跨国公司和企业用于沟通和交流的语言,与商务礼仪、行业惯例、民族文化风俗有着密切关系。

1997 年,英国商务英语方面的专家尼克·布里格尔(Nick Brieger)提出了"商务英语范畴"理论。在他看来,商务英语应该包括语言学知识、沟通交际技能、相关专业知识、管理技能和民族文化背景等内容。翻译商务英语时，译者必须了解和掌握商务背景知识和专业术语，因为有些我们熟悉的词汇在商务英语中具有特殊的含义。例如："Your immediate attention to our enquiry will be appreciated.（我方询盘与建议若能得到贵方迅速办理，则不胜感激。）"中，enquiry 通常的意思为"询问；打听；调查"，但在商务英语信函中指的是"询盘"。

参与商务活动还应具有较强的跨文化意识。商务英语翻译既是不同文化背景下的语言转换，也是不同文化信息之间的沟通和交流。所以，商务英语翻译工作者除了要熟练运用语言外，还需要熟悉一些西方国家的文化背景、风俗习惯，这样才可避免在商务活动中出现失误。翻译家王佐良先生也曾指出："若不了解语言中的文化，谁也无法真正掌握语言。"翻译是用语言来反映文化的，它承载着丰厚的文化内涵，并受文化的制约。语言用于交际，便存在着对文化内涵的理解和传达，这不仅要求译者熟练掌握源语言和目的语，还要对中西方的文化差异有一定的了解，以便在跨国商务活动中游刃有余。

一、中西方文化差异的体现

（一）颜色的文化差异

不同民族的文化对于颜色的理解往往存在着很大的差异。在中国，红色代表喜庆，往往和纪念日、庆祝活动、节日等有关。因此，汉语习惯把热闹、兴旺叫"红火"；把成功、顺利叫"走红"；把分配合伙经营利润叫"分红"；把发奖金叫"发红包"；把漂亮的女子叫"红颜"。而在西方文化中，红色（red）一词往往让人联想起"暴力""血腥"，比如 red revenge（血腥复仇）、red flag（危险信号旗）、red alert（红色警报，紧急警报）。虽然 red 在西方国家也有喜庆的意思，如 roll out the red carpet for sb. 的意思是"铺红地毯隆重欢迎某人"，但这也是受中国文化影响的结果。

在中国的传统文化里，白色与红色相反，是人们忌讳的颜色。白色是枯竭、萧条、没有生命力的表现，象征着死亡。在西方的文化里，白色没有这么丰富的象征和衍生含义。西方人认为白色高雅纯洁，所以西方人崇尚白色。比如 white lie（善意的谎言）、white soul（纯洁的心灵）、white man（廉洁、诚实的人）、white spirit（正直的人）。

（二）数字的文化差异

在商务英语翻译中，中西方对数字的含义有着不同的理解。在中国的传统文化里，"九"是大家所喜欢的数字，代表天长地久、吉祥如意。如我国的知名企业三九药业，以此命名就是希望事业长久。在中国，"八"也是个吉祥数字，在商界颇受欢迎，它和"发"谐音，代表"发财""生意兴隆"。而"四"这个数字则和"死"谐音，中国人忌讳谈"死"，所以"四"被认为是不吉利的数字。比如知名品牌 Goldlion 最初被译为"金狮"，但"狮"和"死"谐音，一开始销量不好，后来改译为"金利来"，销量大增。在西方国家，"13"和"3"不受欢迎，被人们认为是不吉利的数字，他们比较喜欢"7"这个数字，认为这个数字是"大吉大利、积极向上"的象征，知名品牌 Mild Seven（七星香烟）、7-Eleven（连锁便利店）、7-Up（七喜饮料）中都有 7。

二、中西方文化差异对商务英语翻译的影响

美国著名的翻译家尤金·A. 奈达认为，在翻译时要考虑不同民族间文化的对等，应该把原文化背景下的语言转换成目的语文化背景下的语言。

（一）标识语的翻译

标识语通常简洁凝练，力求在极短时间内让读者获取必需的信息。因此，译者在翻译标识语时，既要考虑到语言的特点，又要考虑到不同文化背景下标识语在语言表达上的差异。比如"济南是我家，清洁靠大家"被译为"Jinan is our home, its cleanness depends on all of us."。从字面上来看，该译文忠实于原文，没有不妥之处，但是该译文很明显是按照汉语的表达习惯翻译的，内容不够简洁，不符合标识语的特点，应改译为"Keep our city clean."。再如"注意安全，请勿攀爬单边墙"被译为"Pay attention to your safety, don't climb the single wall."就不贴切，因为译文没有考虑到英语的表达习惯，也不够简洁，应改译为"No Climbing."。

（二）商标的翻译

商标是商品信息的载体，消费者往往通过商标了解商品的属性。因此，在对外贸易中，商标翻译的好坏直接影响着商品能否顺利打入国际市场。由于风俗习惯和文化

传统的差异，不同国家的人对于商品标识的理解大不相同。所以，译者在翻译时要深谙中西方文化差异。例如，德国汽车品牌 Benz 最初打入中国市场时被译为"笨斯"，"笨斯"和"笨死"谐音，导致销量惨淡，后改译为"奔驰"，便成功打入了中国市场；中国羽绒服品牌"鸭鸭"在打入国际市场时，一开始翻译为 Duck，但由于西方人认为鸭子呆笨，联想穿上该品牌的羽绒服后会有臃肿呆笨的感觉，所以该品牌在西方销量不高，后来音译为 YAYA，由于该翻译朗朗上口，简洁易记，很快便受到了人们的青睐，成功打入了国际市场。

（三）广告语的翻译

广告的目的是向公众推销某种商品和服务，其主要功能是劝说、引导消费群体。因此，翻译国际性商品的广告时应考虑到产品销售对象的语言习惯、文化背景，以便更好地推销商品或服务。例如："要买房，到建行"译为"Wanna a house of your own? Buy one with our loan. "，因为该广告是为银行信贷服务做宣传，鼓励大家去建行贷款买房，因而不能直译为"Buy a house in our bank. "；"食在广州"译为"East or west, the Guangzhou cuisine is the best. "，因为该广告是想为广州的美食做宣传，鼓励大家去广州品尝美食，因而不能直译为"Eating in Guangzhou. "。

随着我国对外贸易的发展，越来越多的国产商品打入国际市场，同时也有越来越多的西方品牌打入中国市场。由于不同的文化背景和风俗习惯，译者在进行商务英语翻译时要充分考虑中西方文化差异给商务英语翻译带来的影响。想要确保商务英语翻译的准确性，译者就要重视中西方不同民族文化背景带来的影响。作为翻译工作者，不仅要熟练掌握源语言和目的语的语言学基础知识，提高自身的文化修养，还要了解两个国家的发展和历史文化，这样才能从文化角度准确地翻译，才能使不同文化背景下的商务活动顺利进行。总而言之，随着经济全球化的发展，不同文化背景下的国际商务活动也越来越频繁。为了在国际商务活动中自如地进行双语转换，翻译工作者有必要了解中西方文化的差异并重视中西方文化差异对商务英语翻译的影响。

第二节　跨文化视角下的
商务英语翻译

　　商务英语翻译既是一种文本信息的传递，也是一种跨文化交际活动。由于中西文化的差异性，商务英语翻译难免存在信息传递不准确、不对等的情况。功能对等理论强调翻译不仅是词汇意义上的对等，还包括语义、风格和文体上的对等。本节探讨并分析了功能对等理论在跨文化视角下商务英语翻译中的具体应用。

　　随着世界经济的发展趋势不断走向全球化、多元化，各国商务往来愈加频繁，英语作为各国商务贸易的通用语言，在商务活动中的地位不容忽视。商务英语翻译既是语言载体，更是文化桥梁。商务英语翻译重在交际意图的达成，要想实现这一目的，既需要对跨文化影响因素进行正确地认知，尤其是风俗习惯、语言规律和交际情境等；还需要坚持功能对等理论的指导，不再一味地拘泥于对原文形式生搬硬套，只有这样才能确保达成翻译效果，实现信息等值。本节从跨文化视角简述功能对等理论的基本内涵、必要性以及应用的具体措施，分析影响商务英语翻译的文化因素，为增强跨文化视角下商务英语翻译译文的实际效果和信息传递的准确度提供参考。

一、影响商务英语翻译的文化因素

　　跨文化视角下，商务英语被广泛应用于全球范围内的商务环境和商务活动中，并从某种程度上决定着各国经贸合作能否顺利开展。商务英语具有专业性强、句式结构复杂、文体格式化等特点，如 balance（剩余货物）、losing party（败诉方）、backfill（回填）等都是非常专业的词汇。商务活动中产生的各类商务合同、外贸函电、法律条文等也都具有极强的正式性、规范性，对商务英语翻译产生一定的影响。更为严重的是，由于中西文化之间的差异性，包括语境、语言环境、风俗习惯和表达方式等方面，对国际商务英语交流的信息对等、翻译的准确性影响不言而喻，为了避免贸易双方产生歧义和误解，译者必须对中西方文化的跨文化差异进行剖析。

第一，语言表达方面的差异性。思想是行动的指南，语言是思想的外衣。语言具有深刻的文化烙印，人们通过各种表达符号进行沟通和交流，使语言成为人类最重要的交际工具。由于社会文化的迁移和发展，不同地域人群的语言表达方式也随之拓展和转化，这深深体现着文化的差异性。并且空间距离越远，文化差异越大。就中西方人群的语言表达方式而言，中国人的思维模式呈螺旋形，通常表现为"话里有话"。汉语中一些语句具有多种意思，需要结合具体的语境来理解；人们表达时通常不是直入主题，而是先进行铺垫，将重点内容放在后面。而西方人则不同，他们一般是直奔主题，将重点内容放在前面，并且表达无须铺垫，有一说一，逻辑条理清晰。因此，在商务交流中，如果不了解西方人的语言表达习惯，那么很可能造成翻译信息错误。

第二，民族文化心理的差异性。民族文化心理是民族的基本特征，表现为同一民族的人群在长期生活中形成的稳固的心理定式。民族文化心理主要包括民族意识、民族感情和民族习惯等，不同民族的人群在民族文化心理上有明显的差异。如中西方人群对同一事物的理解就会存在较大的差异。民族文化心理具有特殊性，不同的文化心理造成了生活、交际上的差异。在商务活动中，译者要认清中西方在民族文化心理上的不同，才能确保翻译信息的准确传递。

第三，地域生活环境的差异性。环境对人的性格有着潜移默化的影响，文化的差异与地域生活环境的差异息息相关。这种差异性表现得非常明显，比如在中国，北方寒冷，南方温暖，北方人和南方人话语表达的方式就存在巨大的不同——北方人比较直爽，南方人则比较委婉。由于中西方国家所在经纬度不同，西方人比较崇尚西风，因为欧洲大陆只有大西洋吹来的西风才能带来温暖，也因此形成了许多关于"西风"的商业品牌；中国则不一样，在中国西风不带来温暖而是带来寒冷，其文化境遇是"古道西风瘦马，断肠人在天涯"，东风则表示送暖，所以"东风"在中国具有很强的文化意义，"东风汽车"品牌就是这种文化的体现。因此，在商务英语翻译中，译者必须弄清楚地域生活环境的差异性，增强跨文化交流语言翻译的意识，这样才能使商务交际更有效、更顺畅。

二、商务英语翻译注重跨文化意识的必要性

国际商务活动通常是在跨文化背景下展开的，不同的文化引发了语言表达、思维

方式、文化心理和地域生活等方面的差异。这就要求译者进行商务英语翻译时要有跨文化意识，除了保证商务英语的专业性之外，还要对翻译文本所要涉及的各国文化有深入的了解，从而增强自身的跨文化意识，这样才能实现翻译信息准确和等值。例如，在商务交流中，汉语中的"龙头老大"表示某一行业的领军企业，这是一种褒义的表达，但在西方文化语境中，"龙"是邪恶的，是贬义的语言表达，所以在翻译时不能采用直译的方式。因此，译者切勿将"龙头企业"直译成"dragonhead corporation"，否则必然会引起对方的误解甚至排斥，极有可能导致商务活动的失败。

奈达的功能对等理论把译文与原文的意义对等放在首位，把形式上的对等放在其次，这样的翻译能实现源语言意义在目的语中的准确转化，给商务交流带来意义、空间的同一性，消除了文化上的阻碍，确保了商务活动的顺畅进行。一般来说，商务英语翻译具有忠实（faithfulness）、准确（exactness）、统一（consistency）的原则，所谓"忠实"，强调的是要做到翻译信息等值，而不是追求语法和句子结构的一致性；所谓"准确"，强调的是译者在文本信息翻译中选词、概念表达、数字与单位要精确，注重译文的专业性；所谓"统一"，强调的是译文在译名、概念、术语方面应保持一致，避免误读，方便读者理解。奈达的功能对等理论，不仅遵循了商务英语翻译的三大原则，还消除了商务活动中双方文化、习俗等方面的差异，实现译文与原文表达的意义一致、内容一致，确保贸易双方获得对等的商务信息内容，保证商务活动的顺利进行，同时使得贸易双方的利益最大化。对于商务英语翻译人员而言，增强自身的跨文化意识，将功能对等理论应用于商务活动翻译中尤为必要。

三、依据不同文化背景灵活选择翻译策略

从商务英语翻译的范畴来看，其主要涉及的内容包括商务合同、商务函电、商务广告、商标等，跨文化视角下商务英语翻译也将围绕这几个方面展开。

商务合同是具有法律效力的文本类型，商务合同用语具有规范性、条理性、严密性和真实性等特点。商务合同用语规范性、专业性非常强，对译者的知识能力要求极高，假使译者词不达意，极有可能给贸易双方造成巨大的经济损失。因此，在翻译过程中不仅要求译者熟悉商务业务，熟练掌握相应专业术语，还要求译者坚持商务英语翻译的准确性、专业性、灵活性和中立性原则，形成一套国际上可接受的公式化语言，

这样才能实现商务合同信息准确无误地传递。译者在商务合同翻译中，可根据不同文化背景，灵活选用直接转化、归化翻译等策略。在商务合同翻译中，经常用到直接转化的方式。比如，"You can count that shipment will be effected according to the contract stipulation."可以翻译为"您尽管放心，我们将会按照合同规定如期装船"，这样翻译能使译文准确地再现原文的意思。当然，适时使用归化翻译策略也是尤为重要的，在坚持忠实原文主旨和正确理解专业术语的基础上应用，有助于实现文体风格方面的对等。

商务书信是商务活动中信息交换和交流的重要手段，在商务信息传递、商务相关事宜处理、贸易双方联络中发挥着非常重要的作用。可见，商务信函翻译是商务英语翻译的重点。商务信函具有专业性强、用语委婉、表达礼貌等特点，因此译者必须注重文化信息功能、文体风格的对等。此外，英语和汉语两种语言都注重礼节，但表达方式各有不同，译者在翻译时应该重视礼貌表达的问题，实现文体风格上的对等。

在商务英语广告和商标翻译中，译者要善于把握广告和商标内容的客观性和简洁性，不拘泥于英文自身的内涵。不但要体现出功能对等理论中的功能平衡宗旨，还必须要规避跨文化差异，考虑读者信息的对等。

总之，商务英语作为一门特殊用途的英语，具有独特的语言特点，即专业、简洁、精确、一致、严谨、规范、完整。大量案例分析结果表明，功能对等理论在跨文化商务英语翻译中具有指导作用，能消除中西方文化差异。具体应用要坚持"忠实""准确""统一"的商务英语翻译原则，结合直接转化和归化翻译等策略，确保在原文与译文之间实现最贴切的"对等"，以促进商务贸易活动的顺畅开展。

第三节　图式理论与商务英语翻译的关系

当前，随着世界各国商业往来的频繁，商务英语翻译在经济活动中的作用越来越重要。译者作为一座连接源语言与目的语的桥梁，其"翻译能力"在语言运用和信息获取方面也变得愈加重要。图式理论是认知心理学家用来解释人们理解某件事的心理过程。本节从图式理论的表现形式和功能来解释商务英语翻译的过程。译者只有充分激发大脑中的各种相关图式，发挥其认知能力，才能更好地为商务英语翻译服务。

一、图式理论的发展

图式理论最早由德国心理学家、哲学家伊曼努尔·康德（Immanuel Kant）于 1781 年提出。康德解释了"图式"理论的哲学内涵，即在人脑中已经存在的概念与认知概念的联系。他认为当人们在理解新事物的时候，需要将新事物与已知的概念、过去的经历和背景知识联系起来。对新事物的理解和解释取决于头脑中已经存在的图式，输入的信息必须与这些图式吻合，如果大脑不具备相关的图式，或者虽然具备了相关图式，但由于种种原因未能激活它，那么就不能理解新事物。图式行为主要有两个原动力：概念驱动和数据驱动。概念驱动是指一个图式可以激发多个子图式；数据驱动是指多个子图式可以触动某个图式。这两种形式都很好地帮助并促进了人们的理解行为。因此，图式理论对于人们理解某个概念是非常重要的。

二、图式理论在商务英语翻译中的应用

（一）商务英语翻译的特征

1.词汇特征

商务领域包括商业、营销、管理、旅游、后勤、国际经济法等，因此商务英语词汇非常丰富，其最突出的特点就是词汇的职业化程度高，比较职业化、技术化。一般英语翻译中有很多词语都会出现在商务英语翻译中，但加上商务语境后，意思与原来大相径庭。例如，commission 的基本意思是一个由有管理权利的人组成的组织，通常用来指政府组织，但 commission 在商务英语中表示用来支付雇佣关系的佣金。

此外，为了加快交易效率、节约时间，商务英语中还出现了许多缩略词，如 advertisement 被缩略为 Ads；Bills of landing 被缩略成 B/L；CIF 表示 Cost，Insurance and Freight。这些缩略词在商务交易中会被经常使用。

在商务英语翻译中有许多有着复杂句法结构的长句，有时甚至是一整段文字。如果译者没有分析清楚语法和句法结构，在翻译时将会感到理解有困难，翻译比较吃力。在商务英语中有许多类似的长句，加大了译者理解的难度。

2.结构特征

一般英语语篇的形式丰富多样，而商务英语语篇的形式大多是固定的。商务英语语篇的种类大致相同，都有着很好的逻辑性和连贯性。合理的逻辑包括合理的句子结构、段落以及文章思想。良好的连贯性包括句与句、段与段之间的连贯。因此，译者在翻译商务英语时，不应局限于字、词、句，而应该关注句法结构和逻辑思想，这样才能快速捕捉有用的信息，提高翻译速度。

（二）图式理论在商务英语翻译中的作用

在了解商务英语的特征之后，译者可以通过图式理论来解决翻译中遇到的困难。从图式理论的角度看，商务英语译者必须建立相应的语言和内容图式，才能做好商务英语翻译工作。图式理论在商务英语翻译中主要有以下三个作用。

1.信息处理

"图式"是大脑中已有的知识，在翻译时这些知识能够将译者的注意力转移到熟悉的信息上，理解的过程就是脑中已有的信息和文本中新信息交互的过程。当译者将先前的图式和文本信息联系在一起的时候，他就能理解其中的意思。当译者接收新信息后，这些新信息将会定位图式中相关的点，译者需要根据翻译的要求自主识别、重组这些相关的图式来获得新信息的内涵。反之，译者没有和文本相关联的图式，则不能理解文本。如果译者脑中相关的图式足够，但是文本提供的新信息不足，亦不能理解文本。当译者对商务英语翻译有一定的基础认识，这些认识将以图式的形式储存在脑中，等接收到相关新信息后才被激活。

2.记忆提升

大脑的运作方式非常复杂，接收到一个命令之后，两个神经组就开始高速运作：一个接收、处理新信息；另一个存储相关信息来完成命令。换言之，理解的过程就是语言知识和图式知识相互配合的过程。上文已经阐述图式理论在处理信息时的作用。当译者在处理信息时，脑中的图式既能使其注意到重要的信息，也能够帮助其记忆这些重要信息。之后这些信息将被添加到与之相关的图式中，从而增强这一方面的图式。通过这种方法，译者的记忆能力也能够得到提升。

3.理解力增强

理解不仅依赖文本传递的信息，还依赖译者自身的情况，如文化程度、文化背景、人生经历、艺术爱好等。假设一个没有商科背景的人阅读商务英语，就算查阅所有的单词并仔细分析语法结构，也很难理解文章。相反有着商科背景的人就算在词汇或语法上有缺陷，也可以推测文章的意思，从而读懂文章。因此，有着商科背景的人推测文章意思的过程就是图式运作的过程。从某种程度上说，图式可以被理解为背景知识。在翻译前，译者需要广泛浏览商务英语文本，了解相关背景知识。通过了解文中的语言知识，译者能够在背景知识的帮助下分析并推测文章意思。我们可以发现，在翻译的整个过程中，图式扮演着非常重要的角色。

图式理论自问世后就被应用于外语阅读教学中，并且在翻译领域也得到了广泛关注。本节通过探讨图式理论中语言、内容、结构图式与商务英语翻译的关系，提出了商务英语翻译教学中应加强国际商务知识、商务专用术语、套语以及商务英语结构的教学理念。图式对译者是否能出色发挥中介作用，使译文最大限度地表达原文的内容，具有不可估量的影响。因此，商务英语译者应经常扩充自己的知识面，丰富自身的图式，从而产出优秀的译文。

第四节　电子商务英语翻译的探究

当前，电子商务在社会发展中的地位不断提升，电子商务的快速发展深刻地改变了社会生产方式和个人生活方式。与此同时，消费方式和金融理财方式也随之改变。要推动电子商务的国际化发展，必须强化电子商务在不同国家和领域的应用。因此，电子商务行业对于高素质语言人才的需求格外旺盛。电子商务专业学生要想提升自身的竞争力，就需要不断提高英语水平，这样才能在未来的电子商务岗位中更好地实现自身价值。本节主要介绍了电子商务英语翻译特征，分析了电子商务英语翻译中存在的突出问题，并重点探究了电子商务英语翻译的有效实现路径，为促进电子商务人才培养提供一些参考思路。

当前，随着互联网的快速发展，经济全球化已经成为必然趋势。针对国际电子商务贸易的发展，我国提出了培养更多的复合型语言人才的战略目标，这进一步推动了电子商务英语的发展。电子商务英语翻译与电子商务交易活动之间有密切关联，提升电子商务英语翻译水平，对于促进电子商务发展具有重要意义。

一、电子商务英语翻译的特征

（一）专业性强

随着电子商务快速发展，加之全球化进程加快，国际电子商务事业也快速发展起来。这种时代背景下，我们需要更多具有一定国际交际能力的电子商务翻译人才。就电子商务英语来看，其内容多样化，是一门专业性强的学科。要想切实提升电子商务英语水平，需要强化对相关英语专业词汇的把握，熟练应用专业词汇和技术语言。电子商务英语中的语言应用在一定程度上要与普通英语进行区分，有时候普通英语中的表达与电子商务英语中的意思完全不一样，一些普通英语交际中的词汇在电子商务英语翻译中可能有其他的意思，还有很多相关电子商务业务中的专业术语等。这些都对翻译人才的专业性要求比较高，需要人才具备一定的知识储备，对相关方面有一定的了解，并具备扎实的电子商务英语基础，这样才能为相关国际电子商务工作提供有效支持。

（二）精准性高

在电子商务英语翻译中，国际化电子商务文件的翻译要求准确，翻译的意思理解起来不能模棱两可。一般要保证这类翻译文件的语言表达严谨，不能掺杂个人情感和主观意见，应该保证翻译的客观精准。在具体的电子商务英语翻译工作中，译者需要保证文件翻译内容和实际意思完全一致，不需要多余的点缀和修饰，避免双方出现理解上的偏差。这就需要相关翻译人员在翻译的过程中能够保证语言和词汇应用准确，保证整体意思的表达精准到位。在具体的翻译过程中，还需要遵循一定的商务原则和谈判礼节，对于对方提出的建议一般采用被动时态或是将来语态进行表述，针对提出的建议也需要保持礼貌谦虚的态度，避免造成不尊重对方的情况出现。

（三）缩略词汇使用频率高

在电子商务英语翻译中，因为很多词汇都是电子商务领域的专有词汇，所以相关的专业术语、专有名词等都可能存在相应的缩略形式。译者在翻译文件的过程中，针对首次出现的这些词汇可以进行完全呈现，在后续的翻译中则需要适当进行缩减，即使用缩略词或者是简称的方式来表述，避免重复、烦琐表达。这种翻译也能够提升表达效率，有助于理解。因此，相关翻译人员需要掌握更多的专有词汇缩略形式的表达和应用，做好基础性的准备工作。

二、电子商务英语翻译的现状

（一）教学专业性不强，人才培养和市场脱节

目前，很多高校都开设了电子商务英语专业，就电子商务英语翻译教学来看，多是泛泛而谈，教学内容宽而广，针对性不强。部分电子商务英语专业的翻译教学内容，仅仅是组织学生针对某次电子商务会谈或谈判开展翻译活动，没有为相应的行业进行具体的课程教学设计，缺乏针对性的电子商务英语翻译教学模式。因此，这样培养出来的人才往往和市场脱节。学生在毕业后要想从事电子商务英语翻译的相关工作，往往需要很长时间来适应，且这个过程也比较艰难，因为教师的教学内容和实际的工作需要关联不大。学生就业后需要学习的内容有很多，一些人因为存在畏难情绪，只能选择放弃，投入到其他行业中。这样的人才培养模式和目前的电子商务英语人才市场发展是不相适应的，需要加快调整和转变。

（二）实践教学不足，人才语言实际应用能力有限

电子商务英语翻译对于人才实践能力的要求比较高，因为电子商务英语翻译很多是需要直接进行同声传译的，所以需要他们具备扎实的语言基础以及灵活的应变能力。这些能力是需要多在相应的工作场合中进行锻炼的，是需要通过积极参与电子商务英语翻译实践练习来获得的。目前，在电子商务英语翻译课程教学中，对于实践部分的教学工作开展严重不足，教学的重点主要放在学生对于英语语言基本功建设上，教师注重强化学生专业词汇的积累，而忽视提升学生实际的语言应用能力，导致

学生虽然考试成绩优异，但是在实际的工作岗位中表现并不理想。

（三）缺乏优质的师资队伍，翻译教学质量有待提升

目前，由于教师自身的电子商务英语翻译水平有限，部分教师自身并没有相关的工作经历和经验。因此，在实际的教学过程中，他们更多的是依据教材按部就班地开展课程教学，忽视实践教学的重要性，缺乏对教学重点的把握。这种情况下，电子商务英语翻译课程教学质量很难得到有效提升，这不利于电子商务英语翻译教学的发展。

三、提升电子商务英语翻译水平的对策

（一）做好市场调研，提升人才岗位适应性

据商务部电子商务和信息化司发布的《中国电子商务报告（2018）》显示，中国跨境电商领域的人才缺口已接近 450 万，并且该数据正以每年 30% 的增速升高。但中国大学应届毕业生存在专业知识不扎实、视野不宽、知识面窄、知识陈旧等不足之处，这也是导致电子商务人才缺乏的主要原因。而在目前相关院校的电子商务人才培养过程中，仍缺乏一定的市场基础。对此，相关院校不仅要做好市场调研工作，确定人才的主要培养方向，并进行教学实践指导，还要优化电子商务专业人才培养的课程设置，保证电子商务英语翻译的教学成效，以此来提升未来毕业生的岗位适应性。

（二）强化实践教学，积极探索校企合作的路径

为进一步提升电子商务英语翻译人才的语言实践应用能力，促使他们在未来的工作岗位中表现得更好，相关院校要积极构建校企合作育人基地，为学生提供英语翻译实践学习的场所，营造良好的语言翻译学习环境。基地投入使用之后，电子商务专业首先可以定期开展"全封闭式英语训练营"，实现真正的全英语封闭式教学。其次，还应围绕英语教学实训基地的实践教学活动，对电子商务专业的课程设置、课程体系进行相应地调整，突出技能优先的"教学+训练"理念。最后，除了开展电子商务专业的外语翻译教学工作外，商务英语教学实训基地还可以承担跨境电子商务、英语夏令营等社会服务工作，方便院校和专业开发跨境电子商务的运营，如组建学生创业团

队、跨境电子商务培训、项目开发等。通过有效的实践基地建设，促进专业学生语言实践应用能力的不断提升。

（三）注重师资培养，提升教学质量

安排教师进入企业学习不高的问题，相关院校要完善电子商务英语翻译师资队伍建设，培养更多的优质教师，比如开展专业教师的培训教育工作，作为专门用途英语等，从而不断强化电子商务英语翻译教学技能传授，提高电子商务英语翻译的教学质量。

电子商务英语翻译人才是当前市场中的紧缺型人才，针对电子商务英语翻译教学现状，相关院校要强化专业人才培养工作，积极探索电子商务英语翻译教学改革和优化路径，切实提升人才培养质量。

第五节　译者的隐喻能力与商务英语
翻译的关系

商务英语是一种综合了商务知识和技能、英语语言知识和跨文化交际知识的综合交际系统。若要正确处理好商务英语中概念隐喻的翻译，译者除了要具备基本的翻译能力之外，还应该具备良好的隐喻能力。具体表现为以下四点：客观评估隐喻在商务英语翻译活动中的价值；敏锐提取语言符号中的概念意义；准确传递隐喻中的文化内涵；合理实现隐喻中的概念整合。

商务英语是实用性和专业性都很强的应用性语言，被广泛运用于各种商务活动中，是经济生活得以顺利进行的媒介和载体。近年来，随着全球化进程的日益深化以及我国对外开放程度的不断提高，商务英语翻译承担着越来越重要的任务。作为专门用途英语的一个重要分支，商务英语虽然具有特定的内容和语用规则，却仍摆脱不了时刻存在的概念隐喻。随着认知语言学近几十年来的蓬勃发展，国内外学者通过对隐喻的多维研究，已经使隐喻成功完成了从一种语言现象到一种认知现象的转变。如今

的隐喻不但渗透到了语言里，也体现在思维和活动中。隐喻思维在生活各个方面的渗透使得人们也会大量借用隐喻去描述、讨论与经济有关的概念和事件。可以毫不夸张地说，在商务英语领域中，隐喻也是人们赖以生存的思维方式和表达手段。鉴于商务英语领域中隐喻的普遍性和复杂性，在商务活动中要正确理解和翻译商务英语，译者的隐喻能力将对提高翻译质量起到重要的作用。

一、隐喻能力与翻译能力的关系

从认知隐喻学的观点来看，隐喻的翻译过程不只是语言层面符号的转换过程，实际上还是一个从思维到语言的互动过程。翻译作为一种语际交流，还是一个"文化移植"的过程。隐喻句可以反映作者或说话者思维方式、文化背景和生活经历等。在跨文化的翻译过程中，译者会经常遇到认知方式与语言形式矛盾的情况，尤其是像英语和汉语这两种分属不同语系的语言，语言之间的差异反映了不同民族认知方式的差异。这就要求译者在翻译过程中能够敏感地识别隐喻思维在概念、结构、维度上的差别，从而巧妙地克服隐喻思维模式差异导致的交际障碍。这种能力归结起来就是译者的隐喻能力。

"隐喻能力"的概念是由美国著名心理学家霍德华·加德纳（H. Gardner）提出的，他认为隐喻能力就是在目的语中通过隐喻性结构和其他认知机制对概念进行映射或编码的高级语言能力。此后，有学者对隐喻能力的内涵做了更为详尽、合理的探讨，将隐喻能力做了四个方面的区分：① 使用隐喻的创造性，即创新隐喻的能力；② 理解隐喻的熟练度，指理解一个隐喻多层含义的能力；③ 理解新隐喻的能力，指正确理解"原创性"隐喻的能力；④ 理解隐喻的速度，指轻松、准确、及时理解隐喻的能力。

早在 20 世纪 90 年代末期，翻译研究从"文化转向"进入"认知转向"的时代，学术界就纷纷从关联理论、认知语言学、认知心理学等角度对翻译进行了多维度、多层面的研究。有学者以认知心理学和美国社会语言学家海姆斯（Dell Hymes）的交际能力理论为依据，将翻译能力定义为一套认知图式，可使译者在现实交际情境下对文化规约的翻译形式、翻译功能进行重新影射。奥地利维也纳大学翻译研究系教授汉娜·瑞斯库（Hanna Risku）基于认知科学和行为理论对翻译能力进行了跨学科研究，并对翻译能力认知观进行了创新性拓展,她认为翻译作为一种认知活动,具有交互性、自我组织性和经验性,同时她将翻译能力定义为以新的、有意义的、情境化的方式产生理解并生成译文的能力。

西班牙翻译家马丁(Martin)也持相同观点,直接提出了"认知翻译学"这一术语,并主张在该学科中尽快建立理论与实践之间的互动研究。国内学者近年来也纷纷开展了大量的认知翻译研究。例如,南开大学外国语学院翻译学教授苗菊提出翻译能力包含了认知能力、语言能力及交际能力,其中认知能力指思维能力,译者的认知能力在翻译活动中发挥了根本性作用。四川外国语大学外国语文研究中心教授王寅更是明确提出了认知语言学的翻译观,构建了认知翻译学的理论体系和框架。近几年来,随着认知翻译学的进一步发展,人们达成了"认知是隐喻形成的基础,隐喻翻译应以认知为取向"的共识,使译者的认知能力在很大程度上可以通过译者的隐喻能力表达出来。

二、商务英语中概念隐喻的翻译

(一)客观评估隐喻在商务英语翻译中的价值

隐喻从来不是单独成立的,它依赖于上下文所创造的语境。想要正确理解隐喻的含义以及产出合理的隐喻译文,就必须通过整个文本来评估隐喻翻译的价值。常见商务体裁的翻译专题,包括信函、广告、旅游文本、政府文件、合同、企业介绍与产品宣传类文本。文本因素往往是译者决定如何翻译隐喻的参照因素,没有文本的参照,进行翻译决策时会没有把握。因此,具备良好隐喻能力的译者要对不同文本中的隐喻价值做出合理的评估,从而选择恰当的翻译策略。

例如"Our prices already make full allowance for large orders and, as I'm sure you know, we operate in a highly competitive market in which we have been forced to cut our prices to the minimum."这句话出自信息类文本的商务信函,其中 large orders 属于容器隐喻(container metaphor),highly competitive 属于方位隐喻(orientational metaphor),competitive market 属于结构隐喻(structural metaphor)。这些概念隐喻以人们的基本感官和普遍经验为基础生成,引发它们的基础是无文化差异的,在文本中并不提供特别有意义的信息,所以译者在翻译时不用给予过多关注,

可以自然地将它们直译过来："我方报价已充分考虑到大宗订货的因素。相信贵方一定清楚，我方是在竞争十分激烈的市场上经营业务，迫于市场压力，我方已将价格降至最低。"

但在广告和企业宣传等呼唤型或感染型的文本中，隐喻的价值就增大了，因为隐喻成了一种"夺目的"表达法。例如，这则广告"Is your money taking you where you want to go? Get there."中的隐喻是将投资比作旅程，如果采取原文的思路将其翻译成"投资可以把你带到你想去的地方吗？"显然这就缺少对读者的感召力。在这种情况下，具备良好隐喻能力的译者会果断摒弃这种直译法，采用另外一个全新的隐喻"阁下的投资能否更上一层楼？"这样一来，广告的吸引力立刻呈现，不但使文本内容变得新颖别致，还能实现功能等效。

（二）认真提取语言符号中的概念意义

译者良好的隐喻能力还包括对原文与译文词汇、语法的认知广度与深度。因为语言能够激发译者脑海中对于隐喻的想象，并形成图像，译者再将这一图像用另一种语言转述出来。在认知隐喻理论中有一种意象隐喻（imagery metaphor），它是指抽象或具体的概念以一个整体的图像映射到另一个概念域中去。比如"Our market has just suffered a massive heart attack, with over a trillion dollars of asset values destroyed in the past two weeks. Given the heightened risk of a fatal recurrence, things will never be the same. In the short run, we need emergency measures to calm the market."这句话一开始就有一个隐喻，具备良好隐喻能力的译者可以很快地在自己的脑海中构建出一个画面，即 Economy is a patient。这个概念隐喻的诱发，就派生出了 a massive heart attack、a fatal recurrence、emergency measures 等。calm the markets 也是把经济体系中的市场当作人，而 destroyed 则是将经济中的财产当成了物体，可以毁坏，就像毁坏一个花瓶一样。

具备良好隐喻能力的译者除了可以敏感地识别商务英语中的概念隐喻，并通过语言符号提取正确的概念意义之外，还能很好地利用语境信息和文中线索来进行合理推理，从而正确地理解隐喻文字背后的深层含义。例如，"The auditing methods, once the lamb ducks of American accounting agencies, have been transformed thanks to the company's cooperation with PwC."这句话，根据字面意思，lamb duck 是"一只瘸腿的鸭子"，将这个短语放置到经济生活的语境中来，译者通过联想和类比可以很快推断出"瘸腿的、行动不便的鸭子"与"遇到了困难、需要援助的企业"存在相似性；通过对译语的充分了解，译者辨认出了这个隐喻的话语信号，把它译成"审计方法一度是美国会计师事务所的软肋"。这种敏感的隐喻识别能力和灵活的语言转换使译文既严谨周密地忠实于原义，又生动形象地传达了相应的经济信息。

（三）准确地传递隐喻中的文化内涵

隐喻是一个语言集团文化的沉淀，是反映认知方式和展现文化背景的重要语言工具，一些隐喻甚至只存在于某种文化体系中。因此，隐喻翻译离不开对文化的理解和掌控。具备良好隐喻能力的译者能够关注源语言及目的语中的文化、社会习俗、国家历史等各种因素，洞悉两种语言文化在认知中的异同，从而避免翻译隐喻时产生偏差和错误。

商务英语中的部分隐喻在描述和解释商务、经济话题时会融入文化知识，如商务英语中有一种 Cinderella business 的表达。Cinderella 是西方文化的象征，理解它就需要结合相关文学文化背景知识。有了对童话故事《灰姑娘》的阅读经历，译者就能理解当 Cinderella 用于隐喻时，可译为未获得应有关注的人或物。在商务语境下，公司一般会根据运营政策去关注主营业务，给予其更多的发展机会和资源，但是有些分支业务虽然有不错的发展前景却没能得到应有的重视，因此，拥有潜力却尚未获得关注的业务被比喻成 Cinderella business。再如 lemon 在美国俚语中表示"次品"或"不中用的东西"，lemon market 是 1970 年美国著名经济学家乔治·阿克尔洛夫（George A. Akerlof）在其论文《"柠檬"市场：质量不确定性和市场机制》中率先提出的，但在中文里并没有"柠檬市场"的说法，面对这种情况，译者就应根据其文化内涵将之翻译为"次品市场"。

文化因素是隐喻使用中连接交际双方的纽带和桥梁，面对商务英语中这些具有高度文化专属性的隐喻，具备良好隐喻能力的译者可以准确地在另一语言中找到对应的表达，从而顺利地实现跨文化交际。

（四）合理地实现隐喻中的概念整合

不同的语言有不同的概念系统，隐喻正是这些概念系统的最佳体现。这些概念系统中有些部分是重合的，有些部分不重合。对于重合的部分，译者翻译时可以直接对应，对于不重合的部分，译者就必须进行概念系统的转换，这也是隐喻翻译的困难所在。具备良好隐喻能力的译者不但能够理解原文和译文的概念系统，还能够甄别两个概念系统之间的相同与相异之处，并在二者之间做出灵活的整合。

比如，根据人们对颜色的认知情感，商务英语中有一些用颜色来表达经济概念和事件的情况，如红色（red）在汉语中具有"喜庆、吉祥、幸福"的含义，在英语中却截然相反，它一般含有"危险、暴力及灾害"等贬义。在商务英语中，红色的这种本义投射发展为"债务、赤字和损失"的意思。在经济报道中，红色的刺激、醒目让人有触目惊心的感觉，因此所有损失都是用红色表示。例如，red figure、in the red、red balance、get into red 这些短语都表示赤字和损失。再比如，中国股市一片红是大涨，但美国股市一片红是惨跌。在美国大涨是绿色，恰好和中国股市相反。

再来看看这样一则广告"Father of All Sales—15% to 50% off"，在英语文化里，人们常用"父亲"（father）代称大河、大江，如美国的密西西比河被称为 Father of the Waters，英国的泰晤士河被称为 Father Thames。因此，father 作为原语空间与大江大河拥有共同的特征，父亲伟岸、豪迈的气魄与大河大江的宽广、磅礴，形成了跨空间的映射，使其具有销售活动的让利幅度大的意义。这一广告利用了英语里 father 的这种独特文化内涵，译者在翻译时必须舍弃原文的字面形式，采用释义的方法来传达原广告的信息，即翻译为"特大甩卖，全场八五折到五折"。隐喻翻译的过程是一个动态的认知过程，需要译者不断地进行概念映射与概念整合，隐喻能力比较弱的译者对源语言概念系统和目的语概念系统不熟悉，因此在进行概念系统转化时便会遇到重重困难，最终使翻译工作无法顺利进行。

总之，在商务英语概念隐喻的翻译过程中，"客观评估隐喻在翻译活动中的价值""敏锐提取语言符号中的概念意义""准确传递隐喻中的文化内涵""合理实现隐喻中的概念整合"，都是译者翻译能力的具体体现，对翻译质量也具有重大的影响。隐喻翻译是翻译的"高难动作"，它既可以考验译者的语言水平，又能够检验译者跨文化的认知能力。一个优秀的翻译人员应该是翻译隐喻的强者。从这一点来看，译者应该努力强化自身对隐喻的掌握能力，从识别隐喻、理解隐喻，到评价隐喻、创造隐喻，译者还有很多工作要做。

第六节　解构主义翻译观下的
商务英语翻译

商务英语的翻译，关系到生意上的事情，因此商务英语翻译工作看上去更像是一种商业性活动。随着经济全球化的到来，这种商务英语的翻译活动也越来越为人们所看重。解构主义翻译在一定程度上更新了传统的翻译观念和标准，从科学化、多元性和延展性等角度去进行翻译。本节对解构主义翻译观下的商务英语翻译展开研究与论述。

一、解构主义的定义

早在 20 世纪中期，法国的哲学家雅克·德里达（Jacques Derrida）就提出解构主义，并在他的《声音与现象》《论文文学》等著作中进行了阐述，他也被誉为解构主义之父。解构主义在艺术、文学等很多领域都产生了极大的影响，翻译的语言学也因为解构主义而产生了很大的变化。解构主义是对西方传统哲学观念的挑战，倡导的是一种开放、多元的体制，因此自其产生之时就一直被不同的声音所议论。

二、解构主义的翻译标准

在解构主义的观念下，语言的含义是可变的，语义和上下文的衔接是一个模糊的、多变的、动态的过程。我们所知道的词汇是有限的，而语言所能表达的信息是无限的，因此我们只能用有限的词汇来表达无限的含义。这种语言的新定义对于传统的翻译产生了极大的影响，传统的翻译在进行原文翻译时，都是围绕着原文的中心要义和主题思想进行重现。由于解构主义观念下的语言是多变的、多元的、开放的，因此读者会对原文的语言进行自我解读，并由此产生一些新的看法。同时随着时代的发展和文化的进步，译者在不同时期会对原文产生新的认识，并翻译出新的主题思想，读者们也会重新发现新的含义。因此，在解构主义观念下，翻译的标准是不固定的。

（一）开放性

由于解构主义的开放性，译者可依据时代背景、自我认识等来确立翻译的标准，读者也可对文章产生自己的看法，此时译者和读者都把自己当作主体感受阅读。但这种阅读会受到多种因素的影响，如文化差异等。

因此，在解构主义下进行翻译时，需要根据目标的文化、背景以及市场等因素进行综合的考虑再进行翻译。比如，在商务英语关于商标翻译中，由于商品的商标本身是为了体现商品价值以及企业针对消费者的精心设计，为的是表达企业和商品的属性、增加消费者购买欲以及提升企业形象等，所以在针对商品商标进行翻译时，需充分考虑解构主义观念，多角度地对商标进行解读和翻译，以此来达到最大化的宣传效果。

很多的中国品牌的商标都是用汉语拼音来代替的，如果这些企业需要走出国门到国外去，那么国外的消费者既不能够理解其含义，也不能明白其所要传达的意义。国外的很多企业的商标都采用英文缩写的形式，如奔驰汽车中车型后面的英文缩写 SL 级、CL 级等，其中 S 代表了 sport（运动），L 代表了 leicht（轻量化），C 代表了 coupe（轿跑）等。所以企业要想更好地表达和传递商品的属性，就必须进行有效的商标翻译。

（二）动态性

随着时代的进步以及文化的发展，语言中"所代表"和"能代表"之间的界定也越来越模糊。并且，随着文化和环境的不断变化，它们所表达的含义是具有动态性的，是在不断改变的。因此，在国际商务英语的翻译工作中，我们需要特别注意这些差异因素，并根据其各自的背景和文化因素找出其相同点进行切入。不管是中文商标翻译成英文商标，还是英文商标翻译成中文商标，我们需要考虑的都是在翻译过后还能否保留其动态性。商标被翻译之后，消费者就会根据其对商品形成一个固定的观念，如果企业在后期的发展中，想要进行全面地发展或涉及多个领域，那么这个商标将无法使用或达不到更好的效果。例如 KFC 在中国被译为"肯德基"，在音译上是行得通的，但是其已经根深蒂固地被中国人当成快餐的代名词，那么这个商标也就无法再进行其他行业领域的涉足，其适用的范围就已经固定了。而如 Pepsi，虽然其作为饮料被人们所熟知，但是人们同样知道百事还做运动鞋和运动服装等。因此在进行商标的翻译时，译者需要考虑商标所代表的商品、联想义和发展需求。

三、解构主义翻译观下的商务英语翻译策略

翻译的目的是让原文和译文能在内容、传递的信息、文化和风格等因素上达到对等的状态。而在解构主义翻译观的指导下，可以让原文和译文灵活地达到对等关系，这对商务英语的翻译来说具有重要的指导意义。译者在对原文有了文化背景等因素上的认识之后，在进行翻译时可以更好地将原文的风格进行传递。如在翻译"三角债务"时，直译是 triangle debts，而这里的三是指"多方"的意思，所以应该译成 chain debts，读者也会更容易理解。

译者在商务英语翻译中经常会遇到专业性词汇，这些专业词汇大多都是复合词、普通词语的缩写等。如 FOB 是价格的常用术语，它包含了其特定的专业内容；insurance policy 应译为"保险单"，而不是"保险政策"；commission 应译为"佣金"，而不是"委托"等。

解构主义的观念极大地拓宽了我们的视野，在商务英语的翻译上也是如此，它既能帮助译者全方位、多角度地对原文进行综合考虑，也能利用更加贴近的方式把原文更好地传递出来。随着时代的进步和企业的发展，解构主义可以让商务英语翻译工作变得更加多元化，从而帮助商务活动更好地达到预期的目的。

第三章　商务英语翻译的实践应用研究

第一节　翻译行为理论在商务英语
翻译中的应用

随着全球经济一体化程度的不断加深和国际贸易往来的持续深入，各国之间的联系越来越紧密，商务交流活动也越来越频繁。商务英语因其实用性强、指导性强，已成为各国人民经济、文化往来的首选应用对象。本节从翻译行为理论概述出发，重点探讨翻译行为理论在商务英语中的应用，以说明翻译行为理论的重要意义。

目前，翻译研究日新月异，翻译理论层出不穷，其中我们耳熟能详的是严复提出的"信、达、雅"。翻译理论种类众多，但是在翻译实践中能起到积极指导作用的并不是很多。20 世纪以来，翻译研究在激烈的学术争论中快速地发展，尤其是 20 世纪 70 年代以来，结构主义、形而上学的翻译理论逐渐被取代，行为理论成为当代不同翻译理论的基础。翻译行为理论实用性强，经久不衰，深受翻译人士的青睐，在指导翻译实践的过程中优势明显。

一、翻译行为理论概述

（一）翻译行为理论的概念

翻译行为理论是由德国翻译家贾斯塔·赫兹·曼塔利（Justa Holz Mantari）于 1984 年提出的。该理论以"功能"为目的来研究翻译理论并指导翻译实践。目前，翻译行为理论还没有明确的定义，但是好的翻译理论是能够创新发展并具有生命力的，在此过程中其核心要义是不会改变的。

翻译是在两种文化之间进行的。翻译行为的主要目的是在遇到文化障碍时能够通过交际达成合作，这远远超越了传统理论把翻译仅仅看作翻译文本的观点。翻译行为是一种社会行为，它主要建立在翻译功能理论的基础上。一般来说翻译行为受目的导致语义丢失驱使，翻译结果会对人与人之间产生一定的影响。而且在翻译行为理论中，通常都会对翻译过程中人物的功能进行具体地定位，通常分为发起者、委托人和译者等，他们可能在翻译过程中担任两个或者两个以上的功能职位。翻译行为理论将翻译的过程看作信息传递的过程，即不同文化信息冲破阻碍的传递过程。在翻译的过程中更重要的是满足委托人的功能需要，而不是保证翻译过程中的等价性。

（二）翻译行为理论的发展

在翻译行为理论的发展过程中，产生了一定的翻译原则。首先，翻译行为理论在翻译过程中需要从翻译的目的出发进行相应的活动，通过翻译结果确定翻译方法。在尊重委托者意愿的前提下，在直译和意译之间选择。其次，翻译行为理论具有一定的连贯性。在翻译的过程中必须保证文章内容、含义的可读性，让翻译过程中的委托者可以明确其中的基本含义。最后，在翻译过程中，翻译行为理论还具有一定的真实性，在翻译的过程中要按照原文的意愿进行操作，做到在内容和含义上忠实原文。

二、翻译行为理论在商务英语翻译中的应用

优秀的理论能够指导翻译实践，并且能在实践的检验中不断获得新的发展。商务英语作为英语专业中实用性最强的一个专业，在各国的文化、经济交流中获得了许多机遇，近几年发展势头迅猛。接下来将重点从商务英语口译、商务信函和商务广告三个方面来具体分析翻译行为理论在商务英语翻译中的运用，以更透彻地认识翻译行为理论并更好地应用理论来指导实践。

（一）商务英语的口译

在全球经济一体化的大背景下，中国的发展离不开世界，世界的发展也离不开中

国。口译在中国作为一个新兴行业，近年来获得了较大发展。其中，电话口译凭借其独特的优势，引发了越来越多的人和组织的兴趣。

例1：Seller: Do you mean that we'll have to make a reduction of 20 dollars in the unit price of our product? That's impossible.

Telephone interpreter：你的意思是我方的产品单价必须削减 20 美元吗？那可不行。

Buyer：我认为我们各自坚持自己的价格是不明智的，各自再让一步，便可成交。

Telephone interpreter：I think it unwise for either of us to insist on our own price. Each will make a further concession so that business can be concluded.

这个例子中有一句话的翻译十分巧妙，译者在翻译"That's impossible."的时候将其翻译成了"那可不行"。这一点与翻译行为理论注重过程的原则是一致的。如果译者在口译的时候不顾过程，仅仅根据 impossible 这个词，将其直接翻译成"那是不可能的"，不仅会表现出说话人的愤怒，也会激起对方的不满，那么合作也就无法继续了。相反，使用语气较为缓和的字眼，可以礼貌地让对方明白自己不可让步的立场，同时不会给对方带来任何的不满情绪。由此可见，口译中翻译行为理论的引导作用是十分明显的。

（二）商务信函

商务信函在商务活动中能有效地促进商务合作。一份措辞合理、表达恰当的商务信函能增进贸易双方的合作，因此分析翻译行为理论在商务信函中的应用具有一定的现实意义。

例2：惊悉先生贵恙，请问病况如何，是否严重？

译文 1：We are shocked by the knowledge that you are ill and we are wondering what kind of illness it is and if it is serious.

译文 2：We are sorry to hear of your illness and hope it is not very serious. We are sincerely looking forward to hearing your recovery from the mentioned operation.

通过仔细对比译文 1 和译文 2 可以发现，译文 1 虽然是直译，对原文也比较忠实，但是在遣词方面稍有不足。这是一封表达对客户关心的信函，因此选用 shocked、wondering 等单词欠缺考虑，导致整个句子关心的成分表达得不够充分。相比之下，译文 2 更符合商务信函的表达习惯，最主要的是传达了表达者想要传达的意思。因此，译者在翻译的时候一定要以读者为中心，这样才会有恰当的翻译行为，达到预期的效果。

（三）商务广告

商务活动要想顺利进行，就必须有商务广告做铺垫。广告，从字面意思来看就是广而告之。广告在商业方面所起到的良好效应也是有目共睹的。因此，近年来学者们尝试从不同的角度研究广告翻译，并且取得了一定的成果。但是从现有的文献来看，大多数学者都是从德国功能学派翻译理论角度出发，以功能对等理论和目的论为主来研究广告翻译，几乎从未涉及翻译行为理论。因此，研究翻译行为理论视角的广告翻译，能为以后的研究提供一定的借鉴。

例 3：白象电池

译文：White Elephant

白象电池在美国销售的时候，被翻译成 White Elephant，译者的本意是想突出"白象"，向人们展示一种力量和能量之感，然而白象在西方给人的印象是"华而不实"，这样就产生了误解，导致产品滞销。广告的目的在于增加白象电池的销量，获得商业利益，进而达到商业目的。然而，译者只注重"白象"的表面意思，没有充分考虑文化差异，没有实现广告宣传的意图，因此也就达不到广告的预期效果。

例 4：何以解忧，唯有杜康。

译文：Nothing but Dukang Liquor to mitigate sorrows.

例 4 的译文与例 3 有相似之处，同样没有考虑源语言和目的语之间的差异。在国外，酒不仅可以消愁，还可以起到愉悦的作用。就杜康酒自身来说，不仅味美香醇，而且很有文化渊源，在中国久享盛誉。但是对于外国读者来说，这一点却鲜为人知，因此译文并不能传递出其中的意义与内涵，也很难吸引国外市场目标消费群体的注意力，自然也就达不到增长销售量的目的。

（四）在销售英语中的应用

销售英语是商务英语的重要组成部分，主要是用于面对面的营销，这时翻译行为理论的应用可以让翻译过程变得更加口语化。考虑到现场环境的变化，可加入文化的交流，从整体环境中去思考句子的含义，以保证商务英语在翻译过程中的整体性。对于一些正式的场合来说，译者一定要保证商务英语翻译的严谨性和科学性；如果是在一些非正式的场合，译者就要注意句子的灵活性，对其进行准确地判断，从行为和目的去进行信息和内容上的提取，从而保证翻译的正确性。

综上所述，翻译行为理论就是指从翻译的功能对翻译进行定义，是从人与人之间的关系中来进行翻译操作的一种理念。通过它在商务英语中的应用，可以让商务英语的翻译过程变得更加人性化，并具有更多的真实性，进而从多个方向上提高商务英语在商业合作中的应用价值。

三、翻译行为理论在商务英语翻译中的价值

（一）确保商务英语翻译的准确性

商务英语主要指商务工作中常用的一些规范用语。与普通用语不同，商务英语不具有普遍性，而是具有一定的独特性，不可以用其他词语代替，所以在翻译过程中译者要确保商务英语的精确性。通过翻译行为理论的应用，在商务英语的翻译过程中可以将翻译的研究范围扩大，这对译者提出了更高的要求。在翻译行为理论中，将翻译看作一种跨文化的行为，可以及时找到过程中对应的词组以及复合词，从而让翻译过程变得更加精准。多元化的翻译标准为商务英语的翻译提供了一个新的过程。

（二）提升译者在商务英语翻译中的作用

翻译人员作为翻译工作中的重要组成部分，是将英语内容转换成其他语言形式的主要参与者。但是在传统的商务英语中，人们更注重机器翻译在其中的应用，认为商务英语中的词组具有一定的独特性，通过机器翻译可以明确表达。事实上，对于商务英语来说，不同词组之间的结合可能构成不同的含义，甚至可以将商务信函表达为不同的目的。译者则可以将文章中所表达的情感串联在翻译过程中，进一步加强商务英语翻译中的可读性。

（三）将商务英语翻译纳入文化交际中

人们对于商务英语的传统认知就是商务工作中的一种手段，但是通过翻译理论行为的应用，可以将商务英语翻译的过程逐渐转换成文化交流的过程。所谓的文化交流就是双方在沟通的过程中可以从媒介层面转移到企业的语言环境中，不仅仅是直

译和意译的选择，而是将二者融合在一起，既可以通过翻译客观地表达其中的内容，也可以通过不同的文化信息赋予其不同的活力，将商务英语翻译看作一种政治和文化行为。

第二节　交际翻译理论在商务英语
翻译中的应用

随着我国对外经济的快速发展，商务英语成为企业间的沟通桥梁，商务英语翻译也成为对外贸易中的一项重要工作。交际翻译理论符合这些要求并被广泛地应用到商务英语翻译中，使翻译达到了更好的效果。以下将通过对交际翻译理论基本内容、商务英语翻译特点和交际翻译理论的适用性进行分析，阐述了交际翻译理论在商务英语翻译中的应用方向。

一、交际翻译理论概述

英国著名翻译教育家彼得·纽马克（Peter Newmark）在 1981 年提出了语义翻译和交际翻译，并把文本做了明确的分类，包括表达型文本（expressive text）、信息型文本（informative text）和呼唤型文本（vocative text），强调了在对原作进行翻译时要紧贴原文。

彼得·纽马克的语义翻译理论主要强调对原文作者思维过程进行重现，比较重视翻译中的内容，并且习惯利用短小的句子对原文的单词、短语等进行表述。而交际翻译理论恰恰相反，交际翻译理论一般是以段落为基础，把目的语作为翻译中心，注重读者的理解和翻译后的反应，主要是让读者能够读到真实、客观的原文信息。彼得·纽马克认为，在翻译中，使用的方法是按照文本性质的不同进行选择的。在文本中，像小说、信件等文学文本，能够体现出作者和文本本身的，都属于表达型文本；而有些文本主要目的是要表述文本的内容和传递相关信息与知识，这类文本属于信息型文本，这种类型的文本要求内容和书写格式的规范性，并且在大部分的领域都可以应用；呼唤型文本的主要目的在于得到读者相应的反馈，把读者和作者紧密地联系在一起，如指南等属于呼唤型文本。彼得·纽马克认为，在表达型文本中，使用语义翻译比较合适，而交际翻译比较适合在信息型文本和呼唤型文本中使用。

二、商务英语翻译的特点

（一）商务英语中的词汇变化速度较快

在经济快速发展的今天，商务英语已经广泛地存在于社会的各个领域，商务英语的词汇也随着经济的发展不断地涌现出来。科技和经济的发展必然会加快新事物的产生，而商务英语也要把这些新鲜的事物加入其中，促使商务英语词汇变化、更新速度加快。例如，在计算机技术发展后，出现了电子商务（electronic commerce）、网上营销（online marketing）等新词。还有一些词汇根据其词义进行了重新排列组合，得到新的词组，但表达的意思完全不同。如 venture capital，把 venture 和 capital 进行了组合，这个词组的意思是"风险投资"，代表风险性较大的投资。

（二）商务英语词汇的内容专业性较强

商务英语中的一个显著特点就是它的词汇专业性较强，使得商务英语中的词汇所表达的含义都是与所在的行业息息相关的，不能像普通英语一样进行词语翻译。商务英语在语言表达上比较严格，要求用词必须准确、严谨。例如，商务英语中 FOB（free on board）的意思是"离岸价格"，是指卖方在产地交货时候的货物价格。CIF（cost, insurance and freight）是指"到岸价格"，其中包含了货物的成本和运费等。这些词语都有其自身的含义，但是由于应用环境和位置不同，其所表达的含义也不同。

（三）同一个词汇表达多种含义

同一词汇表达多种含义在商务英语中是很常见的一种现象。商务英语被应用于很多领域，由于领域的不同，同一个单词在不同行业中所表达的含义也都是不同的。这大大增加了一词多义的概率。如 discount 这个单词，在不同语句中就表现了不同的含义。句 1："You may take the accepted bill to a discount bank before the maturity if you are in urgent need of the money.（如果贵方急需这笔钱，你们可以把这个承兑了的汇票去贴现银行贴现。）"这里的 discount 是"贴现"的意思。句 2："If you order more than 100 pieces, we will offer you a 15% discount.（如果你方订货超过 100 件，我公司将给贵公司八五折优惠。）"这里的 discount 是"折扣"的意思。这种情况在商务英语中非常常见。因此，在商务英语中，单词和词组必须根据所在的环境进行使用和翻译。

三、交际翻译理论在商务英语翻译中的适用性

（一）对各国文化不对等现象进行合理调整

全球经济一体化不仅给各个国家带来了巨大的机遇，也带来了挑战。由于各个国家存在地域差异，导致其民族文化、风土人情和生活习惯等存在着巨大的差异，各国的文化也出现了不对等的现象。而交际翻译理论的目的就是把原文的主旨通过适当的语言表达出来，实现翻译后的文意和原文本的文意相同，读者的感受与原作者相同，从而实现准确交际的目的。所以，在中西方民族文化存在巨大差异的环境下，译者要了解和掌握不同国家、不同民族的文化，并使用适当的语言把各种文化进行等值的信息交换。在实际英语应用中，经常会出现同一个词在不同文化背景下具有不同意义的现象。例如，兔子在我国代表了一种很可爱的动物，以"兔子"命名的"大白兔"奶糖深受中国人的喜爱。但是，在澳大利亚，兔子并不是一种受欢迎的动物。它们破坏草原，与牛羊争夺食物，破坏了当地农业的发展，导致澳大利亚人认为兔子是一种不好的动物。由此可见，在对中国"大白兔"奶糖品牌进行翻译时，不能直接译成 White Rabbit，否则会给此品牌带来很大的负面影响。

（二）实现原文与译文之间的语义信息对等

交际翻译理论的观点表述了翻译的目的在于对原文的信息进行准确的传达，认为翻译中所做的所有工作必须服务于整体译文的翻译效果。而商务英语翻译的最基本要求就是要保持译文信息与原文信息对等，实现信息的等值传递。在这种情况下，译者翻译部分特殊信息时，要根据不同的文化差异、不同的环境对信息进行相应地处

理。在现实的商务英语翻译中，有很多译者对词汇进行了直译，使翻译前词汇所表述的信息与翻译后所表述的信息不等值，从而出现了很多错误。例如，我国很多"国家二级企业"被翻译成 state second-class enterprise，而 second-class 在英语中有"质量下降"的意思，这样既影响了企业的形象，也给企业的扩大和发展带来较坏的影响。我们可以把这个词语用 state-level enterprise 来翻译，这样会好很多。

（三）要求用词必须准确、严谨

由于商务英语是一项专业的技术活动，直接关系着企业的经济利益，所以在商务英语翻译中，译者在进行翻译时必须用词准确、严谨，不仅要表面意义准确，还要能准确地传达深层含义。如果在翻译中直接进行直译，没有相应的商务知识做指导，就不能准确地表达出原文的意思，甚至会与原文意思相悖。例如，在日常生活中，我们会把白酒直接翻译成 white wine，从字面上来看，我们的翻译好像没有错误。但是在英语中，wine 一般特指以水果为原料而酿造的酒，如 apple wine 等。当 wine 前没有任何修饰语时，它的含义是指葡萄酒，从字面意思来看就是"白葡萄酒"的意思。这样就使单词和表述的含义有所差别，从而出现错误。

四、交际翻译理论在商务英语翻译中的应用方向

（一）交际翻译理论在商务英语翻译中的直译应用

在商务英语翻译中，一般分为直译、意译和转译三个部分。交际翻译理论在商务英语翻译中的应用并没有否定语义翻译在商务英语翻译中的地位。商务英语翻译中的直译主要分为两种，一种是含义直译，另一种为发音直译。含义直译是根据原来文本的语法内容和词汇结构进行直接翻译，不进行特殊地调整。中西方对很多词语都达成了一定的共识，对词语的表达具有一致性。如我们经常提到的"好好学习，天天向上"，而对其进行直译翻译时为"Good good study, day day up."，这种直译翻译能充分地表达出中西方的教育意识。发音直译，顾名思义，就是英语中有一些词语可以通过发音来翻译成中文，并且这些词语的应用范围也较为广泛。如 model 可以直译为"模特"；salon 可以直译为"沙龙"。这种翻译方法使用得较为普遍。交际翻译理论的直译应用简单易懂，既有本国的语言韵味，也具有对方国家的语言风格，可以提供

更好的交流意境，很容易被双方国家所接受，有利于双方国家的交流与合作的促成。

（二）交际翻译理论在商务英语翻译中的意译应用

通过理解原始文本的内在含义，进行内容的形象表达，从而实现信息的传递，这种翻译方式是交际翻译理论在商务英语翻译中的意译应用。英语与汉语在很多表达方式上都是相似的，在英语中也经常会用到对于某些事物或者动作使用比喻的方式进行表达。如果遇见带有比喻等手法的英语，使用直译的方式进行翻译，就不能达到很好的翻译效果，也会阻碍双方的正常沟通和交流。如 "He was born with a silver spoon in his mouth."，这个句子可以直译为 "他出生的时候嘴里含着银匙"。但这种翻译很明显是不符合常理的，不容易让人理解此句话的深层含义。而通过交际翻译理论的意译应用，就可以把这句话用比喻的手法进行联想、翻译，进而真正表达出原文所要表达的含义。事实上，可以含着银匙出生的人说明他从出生就比较富有。在商事交际中，出现发音不清楚或者表达含义模糊的文本很正常，我们可以利用交际翻译理论对其进行合理的调整，这样才能达到更好的效果。

（三）交际翻译理论在商务英语翻译中的转译应用

在商务英语翻译中，交际翻译理论的直译和意译在运用和表述上相对简单，浅显易懂，而转译就需要译者具有较强的专业技能和深厚的文化知识，才能把原文的含义表述准确。转译不能仅通过字面或者比喻对原文进行翻译，还需要把原文中语句所描述的事物转换成另外一种事物，并做出更多的调整，以此实现双方的文化沟通和交流。转译相对于直译或者是意译而言，难度增加了很多。例如，紫禁城是中国历史文化遗产中具有代表性的，也是著名的旅游胜地，深受中外游客的欢迎。但是紫禁城在英语中被翻译成 Forbidden City，这种翻译方式并不是直译法，因为其中的紫色没有被翻译出来；它也不是意译，如果是意译，所表述的内容和文字的字面表述不应当有关联，而它恰恰是有关联的。因此，这种翻译采用的是转译法，能够充分地对紫禁城进行表述。交际翻译理论的应用能够通过一个事物转换成另一个事物的方式进行描述，也可以把静态和动态互转，最终达到信息的传递和思想的感悟。

第三节　翻译等值理论在商务英语
翻译中的应用

随着经济全球化的发展，英语应用范围愈加广泛，在经济交流以及商务合作上的地位也愈显重要。在商务英语的发展领域中，翻译等值理论受到人们的一致赞同，其提倡在进行翻译的过程中，应该将翻译原文所具有的感觉原封不动地反馈给不同语言的读者。在商务英语翻译中运用此理论会增加译文的可靠性，更加符合原有的信息表达，因而得到了广泛地推广和运用。

商务英语区别于普通英语，主要是因为二者在使用过程中所包含的领域存在很大差异。商务英语是在普通英语的基础上，更为注重商业知识以及相关名词的使用，而普通英语中则很少涉及专业的商务用语，是一种便于人们交流沟通的表达方式。随着我国国际贸易的不断发展，商务英语的应用范围越来越广，其所显露出的价值得到了人们的充分重视。如果想理解英语商务资料，充分翻译好文本，就需具备较高的专业理论知识。等值理论作为目前大多数人都比较赞同的翻译理论，在商务英语的实际应用中可以有效地解决翻译过程中遇到的难题，因此占据着不可替代的地位，是一种较为科学的翻译理论。

一、翻译等值理论的基本内涵

翻译等值理论的核心观点是"动态对等"，意思是，翻译不仅是为了将原文逐字逐句地翻译下来，而是应该重视原文与译文之间的桥梁搭建，原文带给人们什么感受，译文也应该让人们具有这种情感体验。

根据美国哲学家艾弗拉姆·诺姆·乔姆斯基（Avram Noam Chomsky）的转换生成语法理论进行研究分析，可提出动态对等翻译的三个基本步骤，主要是将原文的含义用翻译的语言进行组织说明，从而实现译文与原文的语义及内涵对等。例如，"Nothing is impossible for a willing heart."翻译为"心之所愿，无所不成"。如果直接翻译的话就是"没什么是不可能的，因为一颗愿意的心"，这样的翻译不能清楚地表达出原文的含义，原文的含义是隐藏在文字之间的，所以在翻译的过程中动态对等比直译更能使读者明白原文的意义。

翻译是将一种语言形式转化成另外一种语言形式，并且尽量保存原文思想内容的语言交际活动。将英语商务信函翻译成其他语言，语言的表现形式也会发生变化，保持原文和译文的等值，才会使阅读者在看了译文之后感受到原文的含义。翻译等值理论是目前国内外比较认可的科学翻译标准，是翻译界普遍认定的评定翻译作品品质的科学规范依据。在文学翻译中要求神似和形似，做到商业价值与作品本身的价值等值。在等值理论下，将具体传播的内容和形式作为传播的主体，进而实现二者的有效统一，这种翻译理论在商务谈判、法律文书中应用较多。

作为商务交流语言，商务英语主要指完成特定活动或谈判中所应用的交流语言。商务英语比普通英语的表达更注重词汇的准确性和完整性。在具体的商务英语翻译中，商务英语多数与谈判或交流双方的利益关系存在明显联系。因此，商务英语翻译的准确性要求也相对较高。根据商务英语的分类特点，在具体的等值理论英语中，不能运用统一的规范标准，需根据商务英语自身的文体区别，具体选择相应的等值功能方式。

通过对商务英语的学习，可以使学生了解国外生意伙伴的商务心理，学习如何通过语言沟通进行多方位的工作互动，进而与国外商业合作伙伴顺畅沟通。语言是商务英语的着手点，是建立在深厚的英语学习基础之上的商务思维锻炼。

商务英语的语言环境具有较高的专业性，商务英语是建立在国际应用之上所衍生出来的综合性学科，主要在国际贸易往来或经济活动中得以使用。商务英语涉及的词汇内容比较专业，这是商务英语最显著的特点。通过专业性词汇的准确运用，进而达到有力传达信息的目的。其中部分较为精准的缩略词汇只有在商务英语中才会被使用，被称为商务英语的专有词汇。这些词汇的形成给各个国家的贸易交谈带来了便捷，因此被迅速推广并流传至今。例如，a 代表 accepted，被译为"承诺"；A. C. V 代表 actual cash value，可译为"实际现金价值"等。要想将缩略词变为可理解的词汇，需熟知缩略词的全称，进而形成译文。由此可见，对商务英语的深入了解十分必要。

商务英语因其主要应用在商业场合中，因此句子的构成需简单明了、符合逻辑、言简意赅。在商务信笺上，句子不得过于繁杂冗长，可应用简短句子。如果需要运用复合句式，应尽量地缩减成短句。商务英语的逻辑关系要准确，不得出现可译为"两种"含义的句式。

商务英语是一种常用的应用文体，主要的应用范围是国际贸易和各种英语类的商务实践。商务英语的句法结构决定了商务英语的整个脉络有着固定的模式。与普通信件不同的是，商务英语信函一般都会强调一封信围绕一个核心事件展开。这种一篇一意的写法是为了让阅读者一目了然，避免在商业沟通过程中产生分歧。在商务英语沟通信函的整体自然段落中，语篇分为三个部分：第一部分为引起事件的起始部分，这一部分强烈地吸引对方的注意力；第二部分是事件的主体部分，是为了处理业务的重要沟通内容；第三部分是呼应前文提出文章撰写者的希望或美好祝愿。

在商务英语的翻译过程中，一般需要追求深层次的文化对等。由于中西方的文化差异，导致商务英语翻译过程中的一些文化关联缺失，甚至可能造成一些重要信息存在误差，因此对商务英语文化特点的关注和研究非常必要。中西方文化发展不同是因为中西方承载着不同的文化底蕴。其文化差异主要表现在礼仪文化、色彩词语文化、数字文化、广告用语文化等。可以看出，西方的文化特色更具开放性、开明性、融合性及延伸性，探讨商业问题往往更加直接，对于事件的描述层次分明，而且对于不同的商业事件有着多层次的处理框架。

二、翻译等值理论的应用方法

（一）词汇的应用

词汇是商务英语组成的基本单元，商务英语中存在缩略语、普通词汇、特殊词汇、专业词汇、套用语等。译者在翻译的过程中要借助商务专业词典，对不同语言种类的翻译，应当注重词汇的对等原则，尽可能地节约时间、提高效率、保证规范、减少误差。

1.多义词的翻译

在英语的学习与使用过程中可以发现，大部分词汇都有很多种意义，并且在不同的情境下还要使用不同的词汇。因此，在商务英语的翻译中同样存在这样的多义词。如果词汇翻译错误，很可能会影响译文的整体效果，从而给商务交往造成一定的困扰。

例如，credit 在下面的几个句子中就代表了不同的意思。

（1）We have obtained good credit in this transaction.

译文：我们在这项交易中取得了良好的信誉。

（2）Trust duty and punitive indemnification duty exerts harm influences to debit and credit sides.

译文：信托义务和惩罚性赔偿义务均对借贷双方产生了有害的影响。

（3）A year ago, few people had heard of the term credit crunch, but the phrase has now entered dictionaries.

译文：一年前，只有少数人听闻信贷紧缩这个专业术语，但是现在这个词组已经进入了词典。

2.词性之间的转换

由于英语词汇中有许多词汇都是身兼多种词性，所以在翻译过程中要注意转换词性以及根据前后词或者上下文进行翻译。

（1）名词做动词

A sight draft calls for immediate payment on presentation to the drawee.

即期汇票要求受票人见到汇票后立即付款。

（2）形容词做名词

This contract for cars will be good for 8 months.

这个汽车的合同有效期为 8 个月。

（3）动词做介词

Please send us the following by the first train sailing for China.

下列货物请装至下月第一艘驶往中国的班轮。

（二）句法的应用

商务英语的翻译应该本着句法对等的原则，这是等值翻译原则的实际应用。句法对等通常根据语境进行翻译，由于商务英语语言的用法色彩和意义都是由语境决定的，因此在翻译过程中要注意灵活应用词汇的词义变化。同样，词语在不同的语言环境中往往具有不同的意思，在商务英语的翻译过程中，译者要根据不同语句所处的环境来界定具体含义。

（三）篇章的应用

在商务英语的翻译过程中要注重篇章对等，篇章对等的原则是建立在词汇和语法整体对等的基础之上，根据专业对应领域进行的翻译。在进行通篇翻译的过程中，由于商务英语涉及金融贸易、保险、财政等众多学科领域，同样的商务英语词汇因不同专业领域的差异可能会表达出不同的含义。因此，商务英语的等值翻译原则必须注重全篇的翻译效果。根据搭配进行翻译的优化，这是对译者阅读理解能力和对应知识掌握程度的挑战和考验。

（四）文体的应用

商务英语传达商务理论和实务等信息，其特点是词汇专业性强、句法规范正式、语言简洁明快、社交性极强。商务文体是随着商品生产和贸易的发展而形成的一种文体形式，商务英语文体不追求语言的艺术美，而是讲究逻辑条理清晰、思维准确严密、结构严谨，要求翻译朴实明白、浅显易懂。因此，在商务英语翻译过程中，译者应该坚持文体对等原则，综合考虑文体的商务特性，令整个翻译过程严谨、精确、正式，不带个人色彩。西方国家由于种族渊源、自然环境、宗教信仰、经济发展程度的不同，在文化发展过程中，商务英语体现的是自信和专业能力，是一种张扬的语言内容。因此，翻译过程中应当尽可能地使信息增值和翻译等值完美统一，尽量做到文化信息对等，必要时可以进行符合文化特性的调整，从而实现跨文化交际情况下的共同交际目的的正确达成。

第四节　商务英语中虚拟语气的
翻译及应用

本节以国际贸易发展为背景，介绍了虚拟语气的定义与用法，并结合商务英语的特点，阐述了商务英语中虚拟语气的翻译原则及应用，探究了虚拟语气应用的现实意义。

商务英语是当代英语的重要分支，是国际贸易中的通用官方语言。商务英语的礼貌表达在商务活动中显得尤为重要，因此越来越受到学习者的重视。商务涉及面非常广泛，包括金融、保险、合同、市场营销、对外贸易等，由于涉及权利和义务的方面众多，因此在运用商务英语时要注重其语言的严谨性和准确性。虚拟语气的恰当使用能创造良好的商务环境，建立和谐的洽谈氛围，给对方留下举止得体的良好印象，从而加快双方之间贸易的进程，促进双方达成各自预期的理想目标。

一、虚拟语气的定义与用法

（一）虚拟语气的定义

语气是动词形式的一种，表示说话者对某一行为或发生的事情及其所处状态持有的态度和看法。英语中有三种语气，即陈述语气、祈使语气和虚拟语气。当说话者所表达的内容与事实相反，实现可能性极小，或表达一种主观愿望、请求、建议时，可以使用虚拟语气。

（二）虚拟语气的用法

第一类，虚拟语气用在非真实条件句中，主句和从句动词形式一般较为固定，具体分为以下几种情况。

（1）与现在情况相反的虚拟语气。表示与说话时的事实相反或根本不存在的情况。例如：

If I were you, I would take full use of the opportunity.

如果我是你，我会充分利用这个机会。

（2）与过去情况相反的虚拟语气。表示与过去事实相反的情况。例如：

If the company had enough fund, it would not have gone bankrupt.

如果这家公司有足够的资金，它就不会倒闭了。（事实是，当初由于资金不足，公司已经倒闭了。）

（3）与将来情况相反的虚拟语气。表示对未来情况的主观有推测，此推测可能与事实相反或可能性极小。例如：

If it should be fine tomorrow, we would climb mountain.

如果明天天气好，我们就去爬山。

第二类，虚拟语气用在主语从句中。it 作形式主语，句型为"It is necessary/

essential/important/significant/natural/advisable/vital/urgent/strange+that",动词谓语形式为"should+动词原形"。例如：

It is necessary that you should sign the contract in time.

你应该及时签好这项合同。

第三类，虚拟语气用在表示建议、命令、请求的动词所接的宾语从句和名词所接的同位语中。这类词中有 advise（advice）、propose（proposal）、suggest（suggestion）、order、ask、require（requirement）等。例如：

I suggest that we should hold a meeting next week.

我建议我们下星期应该举行会议。

I make a proposal that we should get more people attend the conference.

我建议我们应该让更多的人参加会议。

二、商务英语中虚拟语气的翻译原则

商务英语是人们在商务贸易往来中使用的一种英语文体，应用于各种国际商务工作及国际职场中。商务英语的恰当表达能够营造出和谐、融洽的氛围，有助于达成协议。从某种程度上来说，商务英语实际上是商务背景下专业知识和语言的综合运用。专业化、口语化、实用性是商务英语最显著的特点。虚拟语气运用于商务英语时要注重其本质特点，翻译过程要遵循以下原则。

（一）准确性原则

商务英语措辞严谨规范，语言精练准确，因此在翻译过程中要力求准确无误，对于含有虚拟语气的句式翻译也是如此。首先要在正确理解原文的基础上，把握句子的语法结构，这就要求牢记虚拟语气的表达方式，正确把握虚拟语气的使用情况和语用功能。例如：

Should the sellers be unable to cover insurance and open L/C at once, the buyers' losses would be born by the sellers.

如卖方不能及时保险和开具信用证，买方一切损失由卖方负责。

首先要明白这是一个省略了 if 的虚拟条件句，才能准确把握该句的语法结构，还要注意 L/C（信用证）、The sellers（卖方）、The buyers（买方）、cover（保险）这些专业词语，要对这些专业词语进行正确的翻译，才能将这个含有虚拟语气的句子准确无误地翻译出来。

（二）实用性原则

商务英语的文体属于实用类型，其表达的内容具有很强的目的性，所以文体要正式，措辞要严谨。文体方面不需要使用大量华丽的辞藻来增加写作的效果，一般只需简洁易懂的正式语体即可。而作者也要明确自己的态度，切勿使用意思模棱两可的单词，否则会影响最初表达的目的。

在表达希望收到对方回信时的信函结尾处，常用固定的表达文体。例如：

We would appreciate if you could send us your reply.

如能收到对方来信，我方将不胜感激。

在长期的国际贸易交流中，一些实用简洁的固定句型已经被外贸工作者广泛接受并使用，而过于生硬、复杂的书面文体交流会使对方感到不受尊重与重视。

（三）礼貌性原则

由于汉语中没有虚拟语气，所以在商务英语中翻译含有虚拟语气的句子时，要注意礼貌性原则，句子翻译要显得语气委婉含蓄，从而能避免不必要的冲突和矛盾。例如：

We leave the insurance arrangement to you but we wish that you could have the goods covered against all risks.

保险事宜交由贵方安排，但希望贵方能为该货物保一切险。

例句中由于采用动词的虚拟语气，使商务洽谈中交易双方的语气大为缓和。在翻译的时候，译者要顾及对方面子，采用礼貌含蓄的语言策略，从而实现预期的交际效果，促成最终交易的达成。

三、虚拟语气在商务英语翻译中的应用

虚拟语气作为一种重要的修辞手段，广泛应用于商务函电、商务合同、商务谈判等各种交流中，有效地促进了商务活动的正常进行。

（一）虚拟语气在商务函电中的应用

在商务函电中，写信人如果采用陈述语气提建议，会显得过于肯定和绝对，会使对方产生反感厌烦的情绪。而虚拟语气恰恰能使表达者的语气更加礼貌、客气，让收信人容易接受写信人的观点，从而达到双方进一步交流的目的。因此，译者常使用虚拟语气来委婉表达自己的建议与想法，谓语多用"should/would/could/might+do"的形式。例如：

（1）We would prefer an alternation of payment terms and a discount of 5% in your price.

我们希望选择一种支付方式并以贵方价格 5%的折扣成交。

（2）We prefer an alternation of payment terms and a discount of 5% in your price.

我们宁愿选择一种支付方式并以贵方价格 5%的折扣成交。

从以上例句可以看出，句型（1）使用了虚拟语气之后，语气明显比句型（2）显得委婉客气，从而达到更好的交流目的。

（二）虚拟语气在商务合同中的应用

商务合同是双方达成协议所签订的一种具有法律效力的文本，其语言风格较正式规范，并且准确严谨。虚拟语气的使用恰恰能缓解紧张严肃的气氛。

例 1：

（1）It is required that both parties should abide by the terms and conditions of the contract.

要求双方都应遵守该合同条款。

（2）We require that both parties should abide by the terms and conditions of the contract.

61

我们要求双方都应遵守该合同条款。

例 2:

（1）It is necessary that one party should inform another party in advance.

一方有必要事先通知另一方。

（2）One party should inform another party in advance.

一方应事先通知另一方。

以上两个例子，句型（1）使用的是被动语态的虚拟语气，句型（2）使用的是主动语态的陈述语气。可以看出把主动句转化成含虚拟语气的被动句，既能准确表达旨意，又容易使他人接受。而主动句会给人一种强制命令的感觉。

（三）虚拟语气在商务谈判中的应用

在国际商务谈判中，不同国家之间的文化、宗教信仰、风俗习惯都有很大的差异，为了避免在交流过程中产生误会，常常会用到虚拟语气。例如：

If you could make a concession, we would order more commodities.

如果贵方能做出让步，我方将会订更多的货物。

从以上例子看出，当谈判一方因各种因素不能接受对方所提出的条件时，如果采用生硬直白的拒绝会使谈判陷入僵局，并且可能会失去将来的合作机会，而采用虚拟语气这种比较委婉的表达方式，不仅能缓和紧张的气氛，还有利于谈判的顺利进行。

商务英语因其实用性强的特点在商务活动中得到广泛使用，虚拟语气作为一种重要的修辞手段，在运用商务英语交流时不仅能缓和交谈气氛，而且其委婉的表达方式能够促进人与人之间愉快和谐的交流。有时出于应对多变的市场行情或者考虑到对方所在国的风俗习惯，运用虚拟语气不仅可以使表达的内容含蓄、委婉、礼貌，还能让对方明白真实的意图。作为商务英语的运用者，要善于发现和分析虚拟语气中礼貌的表达方式，掌握其特点以及实践中的具体应用。这对于在商务活动中正确使用商务英语具有重要的现实意义。

第五节 商务谈判中的翻译原则
及口译技巧应用

商务谈判以谈判双方实现共赢为重要前提条件，在具体谈判中谈判双方的译者应当熟练地掌握翻译原则，具备丰富的商务常识、扎实的笔记技能以及灵活的沟通能力，这样才能实现双方的有效沟通，推动商务英语谈判的进程，实现谈判共赢的目的。同时，译者需要严格遵循商务英语的谈判原则，熟练掌握口译技巧，并能熟练应用。下文针对商务英语谈判翻译的几个基本原则进行分析，探讨口译技巧的应用策略。

一、商务谈判中的翻译原则

（一）礼貌原则

礼貌原则是人们日常交流中的重要原则，在商务英语谈判中也需要严格遵循这一原则。礼貌原则主要内容包括表扬、同情、赞同和谦和等内容，应用这些原则的主要目的是适当减少自身利益，激发对方的好感，增进谈判双方的感情，进一步加强双方的合作关系，从而获得更为长远的利益。

在许多商务谈判中，谈判的双方分别处于不同文化背景中，双方应当保持友好的态度，以礼示人，给对方留下较好的印象，为国际贸易的往来营造出良好的气氛。不同的国家有着不同的文化背景，在实际谈判中要尊重不同文化，在坚持礼貌原则的前提下开展谈判工作。

在实际的商务谈判中，虽然有些话直接表达出来，足够准确和清晰，但是可能会使对方无法接受，影响谈判效果。谈判双方固执己见，只忠于表达自己的观点，且急于反驳对方的观点，这样的谈判势必不能获得较好的效果。其实，谈判双方应当在可接受的范围内，从情感角度出发，使用委婉、缓和的语言来消除彼此之间的隔阂，建立彼此间的情感联结，使双方能在和谐、融洽的氛围中进行谈判。举例子来说，如果对方的交货时间太晚了，可以委婉地表达成 "Your goods should arrive earlier."，其含义是"贵方的货物其实可以更早一些抵达"。这样的表达暗含着一种批评，也能给对方留足面子，避免双方产生冲突，使双方能够在良好的氛围下进行接下来的谈判。在实际谈判中，直接向对方说"不"是十分不礼貌的，会将谈判带入僵局，严重影响谈判的效果。为了避免出现这种情况，谈判人员务必注重礼貌原则，尽量使用委婉的语句进行交谈。例如，在谈判中使用"Would you…if we…"这样的语句表达，能为谈判双方留有一定的余地。

另外，商务谈判是一种十分费时费力的工作，在实际谈判中可以加入一些幽默的语言，既能缓解紧张的谈判氛围，也能增强谈判双方的感情，提升双方的谈判效率，进而达到谈判双赢的效果。例如：

甲：Your products are very good. But I'm a little worried about the prices you are asking.

乙：You think we about be asking for more？（laughs）

甲：你们的产品质量很好，但提出的价格令我们担心。

乙：你认为我们会提出更多的要求吧？

在长时间的谈判中，双方谈判很容易产生一定的消极情绪，乙方的幽默能进一步缓和双方的紧张氛围，让双方的情绪变得更加稳定，使谈判顺利进行下去。在实际谈判中，适当地幽默能给对方一种素质高雅以及豪爽大度的印象，能为双方的进一步合作提供保障。在遵循礼貌原则的前提下，可以适当地夸赞对方，因为人们在实际交往中都喜欢被肯定、被赞美、被尊重，在国际商务谈判中，这种表扬策略也是十分有效的。表扬的形式可以结合谈判人员的实际情况，适当的表扬可获得对方的好感。但是这种赞美要建立在真诚的基础之上，不能是吹捧或者说一些令人感到肉麻的话语，否则会带来不良的影响，不利于谈判双方的情感培养。在实际谈判中，双方难免会有礼让和妥协，这时应尽可能向对方做出的让步表达谢意，从而为今后的合作与发展奠定基础。在实际谈判中遵守礼貌的翻译原则，能有效维护双方的友好关系。

（二）合作原则

在商务谈判中应坚持合作的原则，保证双方的交际任务顺利完成。合作原则有关系、数量、质量和方式等原则。关系原则是指谈话应与既定目的保持关联性；数量原则是指在实际谈判中，谈话信息量要围绕现有的主题，保证不能超过实际需求范围；质量原则是指谈判的内容要真实、可靠，不能口说无凭，不能谈空话、假话；方式原则是指谈话语言要保证简明扼要、简练有序，避免存在歧义语句。交际的双方都要遵守合作原则，这样的谈判才能避免逻辑混乱的情况出现，使谈判双方的沟通更加顺畅、有效，最终达到谈判的目的。

商务英语谈判要注意谈判内容的真实性、可靠性、针对性和准确性。谈及谈判，人们更多地会想到谈判的技巧，可谈判更加需要真诚、信赖。在企业贸易往来中，业务洽谈需要将真实、可靠作为基础保障，为贸易双方提供真实、可靠的信息，保证在商务贸易中涉及的产品数量、质量、服务信息、价格等内容准确无误。像"We can offer you this in three different levels of quality."需要明确地告诉对方我方有不同质量的产品，报给对方每种产品的最低价格。"The economy model is about 30% less."使对方清楚地感受到我方的诚意，了解到真实可靠的信息，保证合作的顺利进行。

在实际商务谈判中，要保证使用清晰的语言，避免歧义信息的出现，如时间、价格、质量等重要的信息，都要具体到实际数字，尽量不使用模糊的词语，如 likely、maybe、probably 等。这些模糊的词语表面上比较好听，但其实很容易让人误解，并且很难让人产生信任感。因此，在实际英语谈判翻译中，要尽可能避免不准确的词语出现。在实际商务贸易交流中，英语谈判翻译的使用语要具备较强的针对性，使谈判双方能始终围绕谈判主体进行谈话活动。特别是商务活动日益频繁的今天，贸易往来更加注重实效性，所以在实际谈判中，与谈判内容无关的话题尽量不说，避免出现不好的结果。例如：

甲：What is the price difference？

乙：No one can match us so far as quality is concerned.

在此谈判中，甲问及的是价钱，而乙方的回答却不是价钱，反而将注意力转移到产品的质量上，这种商务谈判是不符合合作原则的，会给自身信誉度带来不利影响。在实际谈判中，受双方性格、年龄、文化程度等因素的影响，谈判语言的接受习惯会存在比较明显的差异。在实际商务英语谈判中，要结合实际情况进行语言对策的调整，最终实现谈判目的。

二、口译技巧的应用

（一）提升听力技巧

在商务英语翻译中，需要译者具备较强的听力能力以及理解能力。译者不仅要进行听力和理解训练，掌握听力技巧，还要注重逻辑内容的训练，培养逻辑思维能力与理解能力。口译的关键在于"听"，这与一般意义上的"听"是不同的，译者"听到"的内容与其自身的兴趣与喜好，甚至是熟悉程度没有关系，只需要将"听到"的信息加以理解与翻译，继而产生目的语。因此，译者提升自身翻译听力技巧是十分必要的。

（二）加强记忆训练

商务英语翻译还需要译者具备较强的记忆能力和独特的笔记能力，译者应进行记忆与笔记能力训练。具体来说，数字与"工作记忆"都是译者进行记忆和笔记训练的重要内容。记忆训练不仅要选择一些逻辑性较强的短篇文章，达到强化记忆的目的，还要选择一些逻辑性不强的叙述性文本，以增强译者的概括能力。通过这两种文本的训练，译者就能在实际翻译中发挥个人的优势与价值。另外，译者的记忆技巧离不开笔记速记，这要与课堂笔记区别开来。笔记速记只是用于加强与缓解记忆，是在理解的基础上进行简短的记录，是一种独特的记忆诱发机制，因此译者不必将讲话内容全部记录下来。

就商务谈判口译来说，数字十分重要，一个简单的数字会关系到商务谈判双方的利益以及商务谈判是否成功。数字翻译能力也是考验商务口译员职业能力的重要依据。因此，译者要注重提升自身对数字的记录与翻译能力，经过反复的训练，保证在实际谈判中不出现或是极少出现错误。数字训练要注意基数词、序数词、分数、小数等。

译者务必明确汉英数字翻译中的一些重要内容。汉英的计数方式不同。在汉语中数字是以四位计数的，万、亿等是计数单位；而在英语中，数字则是以三位计数的，以 thousand（千）、million（百万）、billion（十亿）等为计数单位。例如，阿拉伯数字 1207210472，在汉语中读作"十二亿七百二十一万零四百七十二"，按照汉语翻译的划分为 12|0721|0472；在英文中读作"one billion two hundred and seven million two hundred and ten thousand four hundred and seven-two"，按照英语翻译的三位

计数的划分规律为 1|207|210|472。

（三）提高表达技巧

在商务英语翻译中，需要译者参与讲话人、听话人、口译员之间的交流，达到双向的、同步的语言互动。译者，特别是对话口译员，既要扮演翻译角色，也要扮演调解人的角色，因此在三人同时存在的特殊情形中，译者会直接影响两个人间的对话效果。表达和交流技巧训练中主要包括两个部分，即肢体语言的训练和口头表达的训练。译者要注重声音的清楚、稳定，传达的口译内容不能过于单调和乏味。当然译者表达时也不能像演讲一样，而是需要抱有自然、真挚的情感，不能含糊不清。

总之，商务英语谈判中的翻译原则及口译技巧应用是十分具有现实意义的。英语是国际上重要的通用语言，商务英语谈判需要谈判者掌握熟练的双语特征，为英语翻译奠定良好的基础。

第六节　从语域视角看语义翻译策略
在商务英语翻译中的应用

在进行商务英语翻译时，必须考虑语境在其中所起的重要作用。商务文本大多属于信息型文本和呼唤型文本，翻译时采用交际翻译策略较多。但是对于商务文本的翻译也不能不加以区别，一律采用交际翻译策略，而是应该酌情而定，根据具体商务文本的特点和实际的翻译语境来选择合适的翻译策略。从语域理论的角度出发，可以通过恰当的翻译技巧来实现语义翻译策略在一些商务合同、商务函电、商品描述和商业广告语等商务文本中的运用，从而实现译文和原文"语域"三要素的对等，提高商务英语翻译的质量。

商务英语是一种专门用途英语，是在各种商务场景中所应用的英语。语境是译者在商务英语翻译时首先要考虑的问题。语境指的是应用语言的具体的环境、场合与情况，它能够在语用以及语义层面制约语言的表达和理解。语境就像一个语义坐标系，交际各方可以借助它进行比较精确的语义定位，反之，语言也常常能够建构语境。正所谓"No context, no text."，语境与语篇是相互体现、相互影响和相互制约的。准确地领会原文的语境是商务英语翻译工作中的重要环节，这有助于理解原文的功能及意义，从而采用恰当的方式进行表达。

一、语境研究中的语域

英国功能语言学的代表人物韩礼德（M. A. K. Halliday）将语境分为广义的社会（文化）语境和狭义的情景语境。韩礼德指出情景语境的功能变化会导致语言的变化，"语域"（register）一词就是韩礼德针对情景语境而创设的。他归纳出语域包含语场（field）、语旨（tenor）和语式（mode）这三个情景因素，其中任何一个因素的变化都会导致语言和意义的变化。语言的三大原功能，即概念功能、人际功能和语篇功能，分别受到这三个情景因素的制约。语场与语言产生的环境有关，如说话者所说的话题内容，说话时发生的事情，说话者正在参加的活动，说话时的氛围等；语旨反映出交谈者的关系，如他们的身份、所扮演的不同角色或者他们所处的地位；语式意指交际的媒介和语言表达的方式、渠道等。

二、语义翻译策略

美国语言学家布莱尔（Buler）和俄国语言学家罗曼·雅克布森（Roman Jakobson）提出语言具有表情功能（expressive function）、信息功能（informative function）以及呼唤功能（vocative function）。在上述研究的基础上，英国翻译理论家彼得·纽马克将文本分为表达型文本、信息型文本和呼唤型文本三种类型。他在《翻译问题探索》（*Approach to Translation*）中提出了语义翻译策略和交际翻译策略，并指出不同的文本类型宜采用不同的翻译方法。一般来说，"表达型文本"采用的是语义翻译策略，而"信息型文本"和"呼唤型文本"则采用交际翻译策略。

语义翻译策略要求译者在语篇形式、布局结构、写作风格、情感表达方面尽量保持原文的风貌，在尽量如实体现原文语义的同时，也要满足译文的语义和句法方面的要求；而交际翻译策略视翻译为译者和译文读者之间的交际过程，为了顺利开展交际，应该尽力清除译文读者阅读时的障碍，迁就读者的理解方式和语言表达习惯，为读者提供"量体裁衣"式的原文翻译。交际翻译策略强调翻译要遵照目的语的习惯，按照目的语的要求去选择合适的表达方式与措辞，重视读者的阅读感受和理解接受程度。

对比这两种翻译策略，交际翻译重视译文能产生的交际效果，而语义翻译注重保持原文的内容。采用语义翻译策略时，译者向译文读者解释原文的意思，但还是以原文为基础，坚守在源语言文化的阵地之中。译者并不刻意追求符合目的语的表达习惯和语境，而是尽力揣摩原文作者的意图，尽量保持原文的形式。

由此可见，语义翻译策略适用于翻译那些视原文语言与内容同等重要的语篇。本节在韩礼德的语域理论指导下，应用语义翻译策略来诠释一些商务英语语篇的翻译过程，以及语义翻译策略的具体实施技巧，以期能提升商务英语翻译的效果。

三、语义翻译策略在商务英语语篇中的实施

按照韩礼德的语域理论，情景语境包括语场、语旨、语式三个因素。语言意义会随着这三项的共同变化，或者其中任何一两项的变化而产生变化，从而形成不同的"语域"。从"语域"这一视角来看，为了使同一商务语篇在两种语言中实现"无缝对接"，译者必须注意原文产生的情景语境，在翻译时尽量实现译文和原文的"语域"三要素对等。

纽马克进一步指出，自传文学、官方文告、私人书信、严肃文学作品等体裁属于"表达型文本"；科学技术、会议记录、备忘录、工商经济等方面的文本、报告等属于"信息型文本"；而"呼唤型文本"则包括通告、说明书、公共宣传品、通俗作品等。按照其分类，商务语篇中的商务合同和商务函电应归类为"信息型文本"，商业广告语则应归类为"呼唤型文本"，而产品描述则兼具"信息型文本"和"呼唤型文本"的一些特点，这些商务语篇理应采用语义翻译策略。

然而，从语域角度来看，商务语篇中的商务合同、商务函电、产品描述以及某些商业广告语，体现出十分鲜明的语域特征，译者需要让译文读者获得与原文最为接近的阅读体验，才能传递最准确的商务信息。这就要求译者对于这些商务文本的翻译不能不加以区别，一律生搬硬套采用交际翻译策略，而是应该酌情而定，根据各个不同商务文本的特点选择交际翻译或是语义翻译策略。通常情况下，交际翻译按照目的语

的要求去选择合适的表达方式和措辞，比较适合翻译大多数的商务文本，读者容易理解和接受文本中的信息。但是，对于某些商务合同、商务函电、商品描述以及商业广告语，当原文的用语、语气对译文读者接收信息的效果将产生深刻影响，或是措辞、构思巧妙而别具一格，而原文和译文的表达习惯、措辞、文化不存在大的差异和无法理解的鸿沟时，译文和原文实现"语域"三要素的对等，才能让译文读者体会到与原文最相似的阅读感受。这时采用语义翻译策略反而能够起到最好的与译文读者沟通和交际的效果，因为这种诉求与纽马克的语义翻译策略在语篇形式、布局结构、写作风格、情感表达方面要保持原文的风貌，视原文语言与内容同等重要的特点不谋而合。具体可以通过以下的翻译技巧来实现。

（一）术语准确，契合语场

语场指的是实际发生的事情，与语言产生的环境有关，如说话者所说的话题内容以及说话者正在参加的活动、氛围等。商务合同翻译的语场指的是商务活动者为实现一定的商业目的，为明确彼此的权利和义务而签订契约的活动。其涉及的领域很多，如对外贸易、海外投资、技术引进、招商引资等，可见商务合同文本的语场是在正式的场合或专业性的商业活动中。合同中使用的术语是用来确切表达商务概念的词，要求单义性，避免产生歧义，而且都是固定的，不得随意更改其在特定语场中的概念意义。语义翻译策略力求传达原文的语义内容和结构形式，强调忠实于原文的词句。采用语义翻译策略能最大限度地保证术语翻译的准确性和专业性，从而保证译文读者能够获取最贴近原文的准确的信息和专业的知识。

例 1：War risks premium is calculated at 0.1%, if it is higher than 0.1% after the conclusion of contract, the excess premium shall be for buyer's account and if war risks insurance is not obtainable, seller may be exempted from providing such insurance.

本例中，premium 一词在词典中的含义有"奖金；额外费用；高昂的；优质的"等含义，语义翻译策略强调的是原文的形式和作者的原意。在国际贸易保险术语中，作者使用 premium 一词的原意是表示"保险费，保费"。确保术语准确后，可将例 1 译为：战争险的保险费用按 0.1%计算，如果成交后，保险费用超过 0.1%，那么超额部分由买方负责，如果无人承保战争险，卖方可不保此险。

例 2：Draft must be accompanied by full set original on board marine bill of lading made out to order, endorsed in blank, marked freight prepaid.

endorse 在词典中有"签署；批准；支持；核准；开证明文件"等含义，语义翻译策略强调的是原文的形式和作者的原意，这里的原文是一段提出对外贸单证要求的文字，而 endorse 引导的短语是用来修饰 bill of lading（提单）的，因此可知作者的原意是把 endorse 一词放在国际贸易活动的语场中，作为外贸术语来使用，用来描述海运提单的属性。那么，endorse 取"背书"之意，把短语 endorsed in blank 译为"空白背书"，因为海运提单中的一种指示提单是通过空白背书进行转让的。空白背书指背书人只在票据背面签上自己的名字，而不注明特定的被背书人。因此，在注意语场的前提下，根据语义翻译的策略可将例 2 译为：汇票必须附有一整套正本已装船海运提单，空白抬头，空白背书，并注明"运费已付"。

例 3：The buyers may, within 15 days after arrival of the goods at the destination, lodge a claim against the sellers for short-weight being supported by inspection certificate issued by a reputable public surveyor.

此例句中的 claim 一词可以表示"要求；索要；声称；需要；值得；凭保险单要求赔偿（款项）"等多种含义。语义翻译策略要求尽量保持原文的风貌，此句的原文是商务合同中的索赔条款，对买方索赔的时间和依据进行了规定。因此，claim 一词在这个特定语场中的含义只能是"索赔"。对于 short weight 这个术语，在国际贸易合同拟定这个专业性的商业活动中，术语是用来确切表达商务概念的词，其含义是固定的，不得随意更改其在特定语场中的概念意义，只能将其译为相应的术语"短缺"。因此，例 3 译文如下：买方可于货到目的港的 15 天之内，凭有信誉的公共检验员出具的检验证明为据，对短缺问题向卖方提出索赔。

（二）语式一致，语义对等

语式指交际的媒介和语言表达的方式、渠道等，具体而言，可以按照不同标准细分为正式语和非正式语、口头语和书面语等。语义翻译策略强调在语篇形式、布局结构、写作风格、情感表达方面尽量保持原文的风貌，在满足译文的语义和句法结构要求的同时，尽量如实体现原文的语义。语义翻译策略有助于译者翻译出与原文语式最接近、语义最一致的译文。以下是商务函电及广告语篇的翻译各一例，以此来阐释这一策略。

例 4：Through the courtesy of our Commercial Counselor's Office in London, we notice that you are interested in doing business with us. Our lines are mainly textiles. We wish to establish business relations by the commencement of some practical transactions.

例 4 中商务函电的语式是规范的书面语，语体十分正式，语气礼貌客气。根据语义翻译策略对于保持原文作者个人感情色彩、形式结构等的要求，译者也要保持商务函电的语式特征，语气正式礼貌，以确保语篇意义最大限度地对等。

译文：承蒙我们驻伦敦商务参赞处的介绍，我们注意到贵公司有意与我们做生意。我们主要经营纺织品。我们希望通过开展一些实际的业务来建立商贸关系。

例 5：TO LET OR FOR SALE

Furnished—Edinburgh Court, 426 John St., 2nd floor, 1,650 sq. Ft. 4 bdrms with dining and living room, private garage. Sale at $130,000. Rent $1,400. Tel:389540, office time or 821948.

在例 5 这条关于租售房屋的广告信息中，出现了许多缩略语，如 St.、sq.、Ft.、bdrm、tel. 等。此外，使用了许多省略句，大量的短语代替了完整的句子结构。使用缩略语与省略句的目的是使原文显得内容简洁、重点突出、语言凝练。为了保持原文的语式及语篇特色，译者在翻译时无须画蛇添足使用修饰性语言，应用简洁的语言客观地表达原文要向广告受众传达的信息。这里采用语义翻译策略有助于保持译文与原文的语式一致，实现语义上的对等，收到较好的翻译效果。

译文：有房可供租售

爱丁堡花园（带装修）

楼层：二楼

位置：约翰街 426 号

面积：1650 平方英尺

结构：卧房四间，餐厅和客厅各一间，有私家车库

出售价：130000 美元

月租金：1400 美元

联系电话：389540（只限办公时间）或 821948

例 6：You know what's sucky about regular flashlights? They only come in two colors: white or that yellowish-white that reminds us of the teeth of an avid coffee drinker. What fun is that kind of flashlight? We'll answer that: NO FUN AT ALL. You know what is fun? Using the Multi-Color LED Flashlight to cast a sickly green glow over your face while telling a zombie story around a campfire. No campfire? Make a fake one with the orange light!

以上是一款 LED 手电筒的产品描述的开头部分，不同于一般产品描述的书面用语，它大量使用口头和非正式语表达，情感表达直白，语言描述生动，写作风格轻松幽默，语式特征鲜明独特。这则产品描述中使用的一些单词都是口语化和生活化的，如俚语 sucky。就算放到汉语里，产品描述中呈现的情境也是很有趣的。翻译时译者应采用在语篇形式、布局结构、写作风格、情感表达方面要尽量保持原文风貌的语义翻译策略，保持原文的语式，这样译文才能达到与原文同等的效果，即吸引那些厌倦沉闷、追求新鲜感的年轻人来购买。译文如下：

你知道一般的手电筒什么最糟糕吗？他们只有两种颜色：白色或者像咖啡狂热爱好者的牙渍一样的黄色。这种手电筒有什么好玩的？我们会回答：一点都不好玩儿。你知道什么才好玩儿吗？你可以在篝火边讲一个僵尸的故事时，用多彩 LED 手电筒在你脸上打上一片诡异的绿光。没有篝火？那就用橘色的光线来充当篝火！

（三）把握语旨，再现原文

语旨是语域的三要素之一，语旨能反映出交谈者之间的关系，比如他们的身份、扮演的不同角色，或者他们所处的地位，以及说话者的意图、态度等。语义翻译策略对于译者在语篇形式、布局结构、写作风格、情感表达方面要求尽量保持原文的风貌，这样有助于译者把握住原文的语旨，再现原文的语义。译者在翻译时可以通过选择语气和情态等来贴切表达原文中语言活动者之间的关系。以下分别以商务合同及商务广告的句子翻译为例，阐述如何通过语义翻译策略把握原文的语旨，提高翻译质量。

例 7：Upon first presentation the buyers shall pay against documentary draft drawn by the seller at sight. The shipping documents are to be delivered against payment only.

例 7 是一篇商务合同中的语句。商务合同是当事人基于合作互利的目的签订契约，受法律的保护和承认。从语旨角度来看，合同参与者是平等互利的合作伙伴，他们之间是一种不掺杂个人情感的平等关系。在合同语言中，说话者的态度应该是严谨的、客观的，语言实施的意图是使合同双方明确各自的权利和义务。根据上述对原文语旨的分析，宜采用语义翻译策略来保持原文的态度和意图，采用同样客观的语气及言简意赅的表述方式来实事求是地传达双方的约定内容，实现人际意义的对等。例 7 可做如下翻译：卖方出具即期跟单汇票，买方应见票即付。货运单据只有付款后才能交付。

例 8：Come and sit with me a while.

例 9：Are you going gray too early?

例 8 是一个景点的广告语，例 9 是一则乌发产品的广告。广告的目的是要和广告译文受众进行交流，体现出一定的人际功能。从"爱达"定理（AIDA Principle）的角度来看，成功的广告译文要能够吸引广告受众的注意力，激发他们对于广告内容的兴趣，在心理上激发他们了解广告内容的欲望，并最终促使他们采取购买行动。从语旨的角度来看，这两个广告语原文中，作者都竭力拉近与受众的距离，力图营造一种亲切、友好的关系。在这类强调情感诉求的广告语翻译中，一定要注意原文的语旨特点，采用语义翻译策略，保持原文的感觉和风格。

对例 8 的翻译宜保持原文中的拟人修辞手法和请求的口吻，这种类似老朋友邀请的语气能迅速吸引广告译文受众的注意力，并且能体现原文中风景区给人的放松感、亲和感与温柔感，让译文受众无法拒绝这种邀请，使他们产生一定要"去和老朋友坐坐"的欲望，从而达到成功吸引游客的广告目的。

例 8 译文：过来吧，和我一块坐会儿。

例 9 的广告原文体现作者关切的口吻，关爱地询问早生华发的广告受众。语义翻译策略能把握住原文的语旨，使译文受众倍感亲切，进而乐于接受广告内容。

例 9 译文：您是不是过早地白了头发？

综上所述，在研究商务英语文本翻译过程中，需要考虑语境这一维度，从而使研究更深入、更系统化。

第七节　变通理论在商务英语
翻译中的应用

商务英语翻译含有极其丰富的企业专有词汇及独特的翻译技巧，比普通英语的翻译更复杂。变通理论在商务英语翻译中的应用广泛而深入。将变通理论应用到英语翻译中，可使译者不受固有思维习惯的影响，在进行英语翻译时转换视角，从英语的角度看问题。

一、变通理论和变通翻译

所谓变通理论是一种创新的表现形式，人们脱离原有思想经验的束缚，以另外一种态度和角度来看待同一件事情，从而获得不一样的感受。变通翻译是变通和翻译的结合，将变通理论应用到商务英语翻译中，可以增加翻译的灵活性。变通英语翻译与传统英语翻译的最大区别就是，变通英语翻译脱离了固有的翻译准则，不再只是简单地按照规定的单词意义和语法进行翻译，而是在基本了解含义的情况下，依据翻译现场情况和翻译要求进行翻译。在满足读者需求的情况下，译者可以按照自己的翻译习惯进行商务英语翻译。

二、变通理论在商务英语中的具体应用

（一）选择性翻译

变通理论在商务英语翻译中的应用不只是脱离了固有的翻译规则，也对文字的整理及文章的结构进行了变通处理。译者在翻译时可以进行选择性翻译，将每个句子中多余的单词和不必要的信息删掉，对主要信息进行提取，主要信息包括企业需求信息和读者需求信息。在一篇介绍原油价格的文章中，"Prices have reached rock bottom." 就是主要信息，翻译成汉语是"价格降到了最低点"。大多数译者在翻译商务资料时都会进行选择性地翻译，以便节省时间，提高工作效率。

（二）定义性翻译

定义性翻译指在正式翻译之前对文章有一个总体的印象，根据商务英语文章表达的中心思想给段落下定义，为段落加标题，比如商务英语文章中的某一段着重介绍了货物所有权和提货单，那么"A title to goods isn't like a bill of lading." 就是中心思想，可以用来定义整个段落，翻译成汉语是"货物所有权与提货单不同"。定义性翻译不仅能够让译者厘清翻译思路，用最少的语言描述商务英语文章的中心思想，提高翻译的精准度和水平，还能让读者一眼看透文章结构，直接获取重要信息。

（三）描述性翻译

为了使专业素质低的人也能看懂翻译后的商务英语文章，译者需要在翻译时对专业名词进行描述，对专业性的操作进行解释说明，比如解释 economic indicator 的具体含义。在大型的企业会谈中几乎用不到描述性翻译，只有在企业项目推广阶段才会采用描述性翻译的方法翻译商务资料。描述性翻译不仅注重翻译的质量和准确性，还要考虑人们的阅读习惯，让人们对整个项目或者计划有更深刻的理解。

（四）概括性翻译

概括性翻译是最考验译者翻译水平的翻译方式，译者要具有极强的发散思维和逻辑组织能力，才能概述整篇商务英语文章。概括性翻译要求译者在了解整篇商务英语文章含义的基础之上，对问题进行分析，整合关键信息，并对文章内容进行整体性的概括。采用概括性翻译方法翻译的商务英语文章，应逻辑结构简单明确，文章精短，包含企业需求的所有信息和注意事项，同时所有材料信息都要符合格式。

（五）转换性翻译

同一份商务文件因为使用环境的不同，翻译的方式和内容要进行适当的改变，译者可根据现场的情况和企业的不同要求，改变文章风格和内容解说顺序。比如在翻译一份信息量非常大的合同时，因为协议双方的立场不同，在进行商务英语翻译时的侧重点就不同。再比如翻译一份新的项目计划时，如果想要给领导看，就要重视对项目实施的必要性和项目带来的成本利益的翻译；如果想要给基层员工看，就应该主要翻译项目实施的要求、项目实施的周期以及人员的分工等。

（六）参考性翻译

参考性翻译的主要作用是证实某一商务英语材料的准确性。大量收集相关材料，然后在原有准确性极强的资料基础之上进行改写性质的翻译。参考性翻译要在规定之内适当引用原有材料，主要是引用典型的实例，而且要明确指出资料的出处；剩下的文章内容要根据自己的理解进行补充说明，补充的内容一定要有理有据，不能胡编乱造，并要保证语言的正式和格式的正确。

综上所述，商务英语的翻译具有复杂性和专业性，因为商务英语的这种特性，传统的翻译方法已经不能满足现代商务英语翻译的要求。为了合理准确地翻译商务英语，译者要将变通理论应用到商务英语翻译中。准确地表达语句含义，才能更容易让商务英语翻译满足企业的具体要求。

第四章　商务英语翻译教学的概述

第一节　期待视野下的商务英语
翻译教学

期待视野是接受美学理论的核心概念。期待视野认为,作品只有在读者进行了具体阅读活动后才能实现其价值和意义。读者拥有自己的阅读期待,这种阅读期待不断地调整、变化和发展。期待视野理论给商务英语翻译教学提供了全新的视角,为更新教育观念、提升教学效果、培养学生"三创"意识带来更多启迪。

一、接受美学

(一)接受美学理论

接受美学理论是由德国学者汉斯·罗伯特·姚斯(Hans Robert Jauss)等人于20世纪 60 年代提出的文学批评理论,它打破了注重作者和文本分析的传统文学理论,把焦点放到文学作品的接受者——读者身上。接受美学认为,未被阅读的作品是一种"可能的存在","一部文本"存在大量"空缺",只有读者的具体阅读活动才能填补这些"空缺",从而完成从"文本"到"作品"的转化。读者在阅读过程中不是被动地接受文本而是主动参与作者的创作活动,读者的接受过程就是文本再创作的过程,从而确立了读者主观能动参与的核心地位。

（二）期待视野

"期待视野"是姚斯接受美学中的重要观点，它是指读者在阅读理解之前对作品的一种心理趋向，可潜在地影响着读者对作品的接受程度。由于每个读者的文化水平、人生经历、艺术修养、思想情操、审美情趣等存在差异，以及读者阅读时的目标、动机、兴趣、问题等不尽相同，所以他们拥有各自不同的阅读等待，对作品持有自己特有的理解。此外，读者的"期待视野"随着上述因素的变动和调整而发展、改变。

二、期待视野给商务英语翻译教学带来的启示

翻译研究的发展与文学批评理论的发展息息相关。商务英语翻译教学从期待视野理论中得到重大启发。在阅读文本之前，读者内心都会有某种期待，期待某些信息的获得，或期待某些审美情趣的获得。在翻译实践中，学生对文本的阅读是基于特定的文化素养、生活历练、审美兴趣等，他们在阅读和翻译活动中怀有各自不同的期待。因此，学生对源语言的理解和他们的翻译水平取决于各自的期待视野。在商务英语翻译教学中，教师应直面期待视野的存在，设计留有悬念的教学内容，让学生产生期待，调动学习积极性，提高教学效果。

翻译教学实践中个体差异取决于期待视野的差异性。只有读者的具体阅读和翻译实践活动才能填补未被阅读作品中的大量"空缺"，学生积极地阅读和翻译实践意味着对文本进行再加工与再创造。此外，学生的文化水平、知识程度、生活历练等方面存在差异，从而使翻译活动具有差异性。在商务英语翻译教学实践中，教师应该充分尊重学生的个性发展并注重培养他们的创造力。

翻译教学实践中培养学习者创新意识来自期待视野变化、发展的特点。时间的推移、教育层次等因素的改变会对学生的文化修养、认知能力、审美情操、生活历练等方面产生影响，他们对原来的期待视野不停调整、修改、增补，从而产生新的期待视野，进一步影响阅读期待和翻译水准。姚斯认为，读者的阅读体验与自身期待视野相同，读者会因作品缺乏创意或刺激力不够而觉得索然寡味。反之，若作品的意蕴超出读者的期待视野，他们会有兴奋感。在商务英语翻译教学中，如果教师设计的教学内容超过学生的期待视野，学生会充满兴趣，教学内容会被顺利接受，反之教学效果会大打折扣。

三、期待视野下商务英语翻译教学的创新实践

将接受美学理论的期待视野运用到商务英语翻译教学当中，教师必须改变传统授课理念和教学模式。首先，教师应该合理安排课堂模式，创设商务英语翻译情境；其次，积极引导学生在阅读期待和翻译实践中与文本遥相呼应，产生共鸣，充分展现翻译教学的创新理念；最后，科学对待期待视野，高效设计商务英语翻译教学。

例 1：Both bed sheets and pillow cases in the factory are not available for the time being.

许多学生快速将此句翻译为"这家工厂的床单和枕套现在无货供应"。接着教师又提供另一例句"Neither bed sheets nor pillow cases in the factory are available for the time being. "。此时课堂一片哗然，讨论激烈，学生意识到前句翻译可能有误，因为他们对后句的翻译很有把握。教师向学生解释，前句是部分否定，后句是全盘否定。所以，前句的正确译文是"这家工厂的床单和枕套只有一种有货"，而后句应该译为"这家工厂的床单和枕套现在无货供应"。教师通过这种导入式翻译教学法，不仅满足了学生的期待视野，让他们既兴奋又折服；同时学生还能感受到商务英语翻译课所带来的快乐、新颖和挑战，从而激发他们追求新知识的热情和动力。

例 2：The engine didn't stop because the fuel was finished.

这也是教师设计的有关商务英语否定翻译的例句。同样，部分学生给出译文"引擎停止运转是因为燃料耗尽"。其实这里有个否定表达结构 not…because，正确译文是"引擎并不是因为燃料耗尽而停止运转"。这立刻引起学生的关注和投入，因为他们的内心期待与正确译法差异很大，这让他们认识到自己的英语知识水平有待加强，从而极大地提高了课堂教学效果。

例 3：

（1）The canned goods are to be packed in cartons with double straps.

（2）The piece goods are to be wrapped in craft paper, and then packed in wooden cases.

这是两个选自商务信函的例子，学生给出 carton 和 case 两词的译文都是"箱子"。但是两者的意思有所不同，运用的商务语境会有差异，carton 常常指硬纸箱，而 case 用来指木箱。所以两句准确的译文分别为"罐装食品将以纸箱包装，外加两道箍""布

匹在装入木箱之前要用牛皮纸包好"。教师做出合理的解释后，学生恍然大悟，兴致倍增，更加明白商务英语翻译的精准性。这里教师的教学设计超越了学生的期待视野，不仅召唤并激发他们跨文化学习的热情，还加深了学生追求知识的紧迫感，使其认识到唯有不断增强知识储备能力，才能实现高质量的商务英语翻译并应对知识爆炸带来的挑战。

例 4：Notice of particulars of shipment shall be sent to buyers at such time and by such means that the said notice shall be received by buyer within 7 days after shipment.

这是选自商务英语合同的句子，大多数学生采用直译法"卖方须在这样的时间和以这样的方式将装运详情通知买方，以便买方在装运后 7 日内收到装运通知"。该句中，两个较为模糊的短语 at such time 及 by such means，存在着英汉语言差异和文化差异，学生的直译导致语义丢失，造成信息传递有误，产生了模糊信息。这种语言差异和文化差异正是期待视野中的空缺，需要学生阅读翻译时去填补。因此，翻译时需对文本信息进行归纳转化处理，填补"空白"。准确的译文为"卖方须及时以适当的方式将装运详情通知买方，以便买方在装运后 7 日内收到装运通知"，这样才更符合商务英语合同行文的要求，使译文意思明确。

例 5：The medicine described is exercise, and it's emerging as a broad-spectrum tonic, recommended on a daily basis for nearly everyone from early childhood on up.

学生的译文是"这种药就是体育锻炼。作为一种疗效普及的健身药，每个人差不多从童年时代起就被推举天天服用这种药"。教师指出翻译有误，学生显得很茫然。乍看句子很通顺，实则照搬了原文词序，英语和汉语成分有时存在语序差异，如果一味地硬套势必造成译文含混不清。根据句子结构可知：it 做主语，指代的是 exercise、emerging 和 recommended 同属 it 的谓语部分。译文错误产生于 recommended 被误认为是 everyone 的谓语。正确的译文是"这种药就是体育锻炼。作为疗效普及的健身'良药'，差不多从每个人童年时代起，体育锻炼就受到推举，要天天'服药'"。在商务英语翻译教学实践过程中，教师科学应用了期待视野理论，注重教学的亮点和重点设计，激发并满足学生的内心期待，从而使学生对枯燥的商务英语翻译课产生浓厚的兴趣。

引导学生实现不断变化的期待，最大限度地发挥学生的主动性。学生在阅读和翻译进程中，对教学内容不是被动地接受，而是积极主动地剖析，学生的期待视野可能得到证实，也可能被否定、冲破。在商务英语翻译教学中，教师应该及时而有效地帮助学生找出期待视野被证实或被否定的缘由，激励学生产生新的期待视野，激发他们强烈的求知欲。

"期待视野"会随着时代的变革以及阅读者的不同而发生改变。在商务英语翻译教学实际操作中，教师必须做到及时更新授课内容，紧跟时代的步伐，以便极大程度满足不同时期各层次学生的期待视野，极大地提高教学效果。

尊重期待视野的个体差异，培养学生创新、创造、创意理念。不同读者具有各自的期待视野。在商务英语翻译教学实际操作中，教师要充分尊重学生的个性特点，注重培养学生的创新意识。每个学生对同一翻译作品会有不同解读，教师应帮助学生分析他们不同的接受缘由，构成新的期待视野。活跃、宽松、开放的课堂学习氛围非常重要，教师要多给学生提供更多、更大的发展创新空间。教师是学生学习知识的引路人，教师应鼓励他们积极参与课堂活动，使学生对所学知识产生兴趣并引发求知欲，维持求学热情，进而引导他们在培养创造性思维进程中努力做到求新求异。

将期待视野运用到商务英语翻译教学实践中，为商务英语翻译教学带来了全新的思想，让学生变成学习的真正主人。教师可以站在崭新的角度设计课堂教学活动，通过授课设计凸显学生在课堂学习中的主体地位，彰显学生的创造能力和创新理念。努力形成人人渴望成才、人人努力成才、人人皆可成才、人人尽展其才的良好局面，让各类人才的创造活力竞相迸发，聪明才智充分涌流。

第二节　提升商务英语翻译教学质量探析

在全球经济一体化的背景下，国家之间的交流日益频繁，因此对商务英语翻译人才的需求量也不断增加。然而，高校培养出的商务翻译人才无论是数量还是质量都不能满足市场的巨大需求。本节结合商务英语的特点及商务英语翻译教学现状，对商务英语翻译教学中的问题进行分析，提出一些解决困境的方法和策略。

在全球经济一体化的背景下，中国的经济发展同世界的经济发展联系得更为紧密，单一的英语专业人才已无法适应当今市场需求。面对这种经济形势，我国急需一大批实用型商务英语翻译人才。

一、商务英语翻译教学的现状

商务英语属于专门用途英语，根据有关资料显示，专门用途翻译占据所有翻译活动的 70%，这也显示出商务英语翻译活动的重要性。英国商务英语专家尼克•布里格尔指出："商务英语应包括语言知识、交际技能、专业知识、管理技能和文化背景等核心内容。"由此可见，商务英语的学习要求及教学目的不能只停留在获取语言知识层面，更应注重培养学生的综合学习能力。

除了英语语言基本功以外，还要注意国际贸易知识储备，进而提升学生的商贸沟通能力、综合素质和临场应变能力。目前，许多学校尚未将商务英语翻译教学摆放在一个重要的位置，商务英语翻译教学方法和教学计划也存在许多问题，如商务英语翻译教学计划安排不合理，商务英语翻译教师严重短缺，商务英语翻译缺乏有效的教学方法等。

二、商务英语翻译教学中的主要问题分析

第一，教学计划安排欠妥。翻译教学的整体教学计划非常重要，商务英语翻译教学安排既要体现其实用性的特点，又要考虑到前后的逻辑关系。而商务英语翻译教学缺乏全国统一的教学大纲，在教学过程中虽使用了相应的翻译技巧，但没有总的框架和计划安排，导致在学生进行各阶段学习时重复学习相同知识点，这不仅严重影响了教学效果，也使学生学习翻译的积极性大打折扣。

第二，商务英语翻译教师短缺。复旦大学外国语言文学学院教授何刚强在"首届全国翻译专业建设圆桌会议（师资建设专题）"上提出："翻译专业教师须有丰富的翻译实践经验，精通翻译的一般策略和技巧。翻译专业教师须有宽广的翻译理论和视野，熟悉译论的国内外发展动向。"现有商务英语翻译课的教师大多语言知识结构单一，虽然语言基本功较为扎实，但缺乏商务专业知识，也没有接受过相关培训。有些教师

甚至是在开始授课之前，才匆忙研究商务专业方面的知识。因此，商务英语翻译教学难以达到应有效果。

第三，缺乏有效的商务英语翻译教学方法。毋庸置疑，商务英语翻译教学中普遍存在现有教学模式单一，课堂氛围沉闷，教学方法和手段创新不够等问题。大多数教师仍然采用传统教具与少量 PPT 结合的教学方法，将大量时间用在学习语法和分析语言结构上，学生在课堂上仅有少量时间进行商务英语翻译训练，这种单一的教学形式无法调动学生的积极性，学生的商务沟通能力和语言交流能力得不到应有的培养，难以培养出符合商务活动需要的商务翻译人才。

三、商务英语翻译教学实现途径

第一，完善教学计划和教学大纲。虽然商务英语翻译教学已被列入我国高校外语教学大纲中，但高校的商务英语翻译课程的教学效果不太理想。其主要原因是传统的教学大纲已无法满足时代的现实需求。因此必须尽快制定一套科学、可行性强、教学目的明确的教学计划来指导高校商务翻译的课程教学，该计划应包括学校的教学理念、教学宗旨、教学方法以及教学目标。一方面，该计划应将商务专业知识点和翻译理论与技巧有机地结合，让教师明确教学内容，达到相应的教学效果。另一方面，应鼓励教师有针对性地教学，根据学生不同学习阶段所对应的不同要求，从不同角度讲授翻译技巧和商务知识，将语言技能、专业知识和实战练习有效融入商务翻译的教学过程中，让该课程的系统性、综合性和科学性得以实现。

第二，打造一支过硬的师资队伍。商务英语翻译是一门商务知识与语言应用相结合的复合型技能课，任课教师不仅需要有扎实的理论知识和教学经验，还应该有丰富的商务实践经验。首先，高校最好能请一些商务口译工作者来担任兼职教师。其次，可选拔一批教学优秀的英语教师，鼓励他们学习商务专业知识，到外贸企业挂职锻炼，并定期召开教研会议，交流教学经验与体会。再次，教师应制定商务英语翻译培训和进修计划，学校要为教师提供学习和进修的机会，不断加强教师对商务英语翻译方面的能力，并对获得相关专业学位或相关证书的教师给予适当的物质奖励。最后，尤为重要的是，教师应将商务知识、商务术语和互联网技术有机结合起来。全方位地提升师资质量，才能更好地实施商务英语翻译教学。

第三，教学方式多样化。提升商务英语翻译教学方法的根本在于，以学生为主体进行教学活动安排，不断激发学生的学习兴趣及学习积极性。在教学中，教师可利用各种多媒体来辅助教学，利用音频和视频文件向学生展示实际工作中可能会遇到的问题。

第四，加强与各企业、单位深度合作。高校可选择与相关对口企业合作，根据企业需要有针对性地培养学生的商务英语翻译能力，并在实践中提高他们的翻译能力。教师可以设计在某个企业中组织一个小型商务口译模拟情景，让学生以小组的形式参加，并要求学生进行现场口译，然后教师对其点评。此外，教师也可采用专题讲座的形式邀请知名企业人士与学生进行面对面交流，增强学生对课程的感性认识，充分调动学生学习的积极性，进一步激发学生的学习潜能，将理论和实践有效地结合在一起。

综上所述，商务翻译教师必须清醒地意识到，商务英语翻译教学的目标是培养符合市场需求的应用型人才。从商务英语翻译教学现有问题出发，有针对性地提出解决商务英语翻译教学的相关策略，旨在改进高校商务英语翻译的教学质量，提升翻译人才素质，满足我国经济建设需求。这也是目前教育工作者的重要任务之一。

第三节　4Es 标准下商务英语翻译教学革新策略概述

随着全球经济一体化发展，商务英语翻译人才的需求与日俱增。但当前商务英语翻译教学仍存在教材内容不完善、师资力量不足、教学手段滞后等问题。对照 4Es 标准，商务英语翻译教学未能有效体现出语义、文体、文化及商务功能的对等，而上述对等标准是商务英语翻译中必不可少的要素。因此，结合 4Es 标准，创新商务英语翻译课程教学，具有重要的现实意义。

随着经济的发展，商务英语翻译的作用也日益彰显，这要求翻译过程要保证文本信息与商务功效的对等。4Es 标准将商务英语翻译对等要求进行整理，以语义、文体、文化、商务功能为基础，对商务英语翻译提出更高的要求，以保障翻译结果获得商务活动双方的肯定，从而促进商务贸易的合作达成。因此，探究 4Es 标准下商务英语翻译教学的革新策略具有重要的意义。

一、商务英语翻译的特征及 4Es 标准的含义

（一）商务英语翻译的特征

商务英语翻译在发展过程中涉及法律、贸易等细节性内容，因此商务英语翻译具有特殊性与多重性等特征。同时，商务英语翻译需具有明显的商务特征，在翻译时可结合不同翻译内容及翻译环境采取合适的手段进行，译者不仅要了解不同商务信息的内容，还要了解对方国家的文化以及对方企业的营销特征，使翻译结果实现语义、文化方面的对等，从而吸引读者的目光。商务英语翻译的语言要求严谨，不能出现模棱两可的话语，以保障商务贸易地顺利开展。

（二）4Es 标准的含义

商务英语翻译的核心标准是"信息灵活对等"，用英文可以概括为"4Es"，主要体现在原文与译文的语义信息对等（equivalence of semantic message of source language and target language）、原文与译文的文体信息对等（equivalence of stylistic message of source language and target language）、原文与译文的文化信息对等（equivalence of cultural message of source language and target language）、原文与译文的商务功能对等（equivalence of business effect of source language and target language）上。

语义信息主要包括翻译文本内容的传递，具体可分为表层传递与深层传递两类，表层传递指字面信息的理解，深层传递指语言中包含的信息内容；文体信息主要指商务英语翻译中需保障翻译结果与翻译场合的适配性，同时需注意信息传递方式的合理性，从而避免与原文信息不符的译文出现；文化信息对等则主要指不同翻译文本需与对方国家的文化相结合，从而使翻译结果更易被对方国家所接受；商务功能的对等主要指商务英语翻译中商务信息的传递需满足商务活动的目标要求。

二、4Es 标准下的商务英语翻译教学原则

（一）优化语义信息理解深度

4Es 标准下商务英语的语义信息并非单纯的浅层含义，而是在加深相互理解之后，通过交流而产生的合作意向或意图。如果无法深刻解读合作方的实际需求，商务英语的翻译质量会大打折扣。因此，就语义深层信息挖掘，已成为商务英语教学的本质需求。只有秉承优化语义信息理解深度的基本原则，才能强化教学质量。在部分英语教学活动中，教师并未将商务英语的特殊语境加以分析，导致学生在理解深层语义信息时不清晰。这种对于语义信息解读并不全面的教学引导，实质上对于学生的辅助效果微乎其微，并不足以优化商务英语教学的质量。因此，需要加强对语义信息理解深度的教学，从而使商务英语翻译教学内容的需求性得以满足。

（二）加强文本信息的解析能力

文本信息在商务英语翻译活动中的基础工作量最为繁重，是学生在职业生涯中必须经历的初期成长过程。首先，国际商务活动中，通常将文本内容作为最终的决策信息，因此落实文本中的相应条款也是加强合作的基础条件。其次，翻译人员的任何疏忽都可能造成双方合作的障碍，文本信息的再现效果不足会影响商务活动的开展。因此，加强文本信息的解析能力也是对商务英语翻译教学的特殊要求。在教学过程中，需要教师以特定的商务活动为背景，利用多元化的参考范式，引导学生思考文本信息中传递的内容是否具备较高的合理性。最后，保障翻译文本信息具有更高的应用价值，是凸显原文内容在商务活动中可利用率的重要标准。因此，在增强文本信息适配性的要求下，需要坚持加强文本信息解析能力的基础教育原则。

（三）拓展文化信息价值取向

由于商务活动国际化路径得到积极拓展，不同国家和地区的文化背景差异已成为跨文化交际中的主要障碍。第一，消解这种障碍成为商务英语翻译的必要工作，而其中最为关键的优化方向便是文化信息对等。因此，在商务英语教学过程中，翻译练习本身也需要联系实践活动，并以合作国家的政治文化背景为教学导向的前提。第二，在让学生了解翻译文本的对象时，教师应当引导学生从文化角度审视交流层面的诸

多形成条件与制约因素。因此，就文化信息的价值取向角度分析，文化渗透效果越好，其界定的文化内容就越容易被合作国家所接受，这是商务应用教学的必要拓展方向。只有做到全面考查学生对各个国家、地区、民族的文化了解程度，辅助学生奠定翻译活动的文化基础，才能使学生的翻译作品被合作方所接受，才能支持翻译效果在实践应用中的文化信息价值取向得到认可。

（四）增强商务功能应用引导

商务英语翻译必须具备商务功能，这既是对商务活动的服务，也是对促进合作基础条件的支持。因此，4Es 标准对于商务功能的界定范畴尤为宽泛。就翻译时效性而言，商务功能需要具备较高的翻译速度；就翻译质量而言，不可以出现重复性过高或者理解不清楚的模糊语义；就促进合作的角度而言，需要学生在翻译文本和信息中透露出服务意识及潜在合作意向。

因此，商务英语翻译教学首先应该注重增强商务功能应用引导的作用，提升学生的翻译质量。其次，应该在本质上突出翻译内容与实践需求的契合度，从而完善教学内容与商务活动的协调性。最后，加大教学维度在翻译实践活动中的表现力度，才能进一步支持商务英语教学方法的革新，才能为学生创建更加契合商务活动的基础教学内容与练习方法。

三、4Es 标准下商务英语翻译教学存在的问题

第一，教材设置不完善。商务英语翻译课程设置起步较晚，其教材编写质量也不尽如人意。大多商务英语教材仅是对商务英语中合同、广告等内容进行介绍，通过语法、词汇进行翻译教学；教材的练习内容大多是堆积的与商务相关的资料，没有过多的讲解，仅有参考答案。这导致教材内容不具备指导性与系统性，且理论与实践相脱节，学生既无法学习到翻译技巧，也不能有效了解不同国家的文化背景，最终导致文化缺失。因此，教材设置不完善限制了商务英语教学的进一步发展，文化缺失也阻碍了学生对于多元文化的理解。

第二，师资力量不足。当前商务英语翻译课程教师需具备三个方面的能力，首先是专业知识，主要指翻译技巧；其次是教学能力，包括与学生的交流及多媒体应用能

力；最后是科研能力。商务英语翻译课程教师不仅需要具备上述基础能力，还需具备一定的商务技巧。但大多数教师并不具备商务能力，他们不仅没有接受过商务专业学习，也未参与过商务活动，这导致商务英语翻译课程中翻译与商务脱节。此外，也有部分教师没有翻译实战经验，在教学时大多偏重理论知识的传授，导致学生学习效率较低，翻译水平无法提升。因此，在师资力量不足的情况下，4Es 标准实际上并不容易完成。而且师资力量不足会成为优化商务英语教学质量和水平的主要障碍，是教学能力受到干扰和限制的主要因素。

第三，教学手段滞后，学习效率较低。当前商务英语翻译人才的培养大多以语言讲解为主，传统的翻译教学法与交际语境相脱节，不仅无法满足学生的学习需求，无法有效提升学生的翻译水平，更与社会对商务英语翻译的需求脱节。此外，我国商务英语翻译教学的课程设置具有一定的随意性，教学规划不够清晰，教学目的也无法有效达成。同时，商务英语翻译教学方法大多以教师为主体，将教材作为载体，教学大多以"一言堂"形式为主，学生与教师的交流较少，实践内容也无法达到教学目标。学生学习的主动性与积极性无法得到调动，学生创新思维、解决问题的能力无法得到有效提升。因此，教学手段滞后是影响 4Es 标准无法深入商务英语教学体系的主要原因。而学习效率较低也是学生训练的主要障碍，必须加以克服才能保障 4Es 标准的落实，从而实现对学生商务英语翻译能力的积极培养，达到预期的教学指标和优化条件。

四、4Es 标准下商务英语翻译教学的具体革新策略

第一，完善师资队伍，商务与翻译并重。师资队伍是教学过程的基础，为了保障商务与翻译的并重，需要完善师资队伍，提升教师的教学水平。首先，招募商务英语翻译人才，充实教师队伍。职业化商务英语翻译人才具有较强的翻译经验，也更了解职业需求。其次，通过多种方式提升教师的翻译水平。学校可为教师提供实践的机会与平台，并开展教学合作与创业活动，从根本上提升教师的教学水平，促使其成为职业化翻译人员，即名副其实的商务英语翻译教师。再次，可开设翻译教学研修课程，为没有经历过翻译学习的教师提供学习场所。就目前而言，可以发挥当前社会资源优势，将外研单位与名校作为依托，为翻译教师提供分层次的培训，使其理论与实践能力皆有所提高，使其教学思路更加开阔。最后，将商务作为商务英语翻译教学的重点。

教师需提升自身的商务水平，注重听说读写等技能的提升，加强英语语音、句法的学习，并了解商务领域的专业知识与技能。教师也可以主动参与商务活动，从实践环节了解商务翻译中需要注意的内容，从而为商务英语翻译教学奠定基础。

第二，创新教学理念，教材与教学大纲并重。传统教学理念无法满足商务英语翻译的教学需求，因此教师需要创新教学理念，重新编撰教材与教学大纲，从而满足学生的学习需求，提升学生商务英语翻译水平。首先，教师应该结合学生学习水平设计课程，还需在基础知识传授的基础上，不遗余力地培养学生的自主学习能力与创新思维，真正做到"授人以渔"。其次，在教学大纲中不仅要设置翻译基础知识，还需加入实践活动与文化内容，从而保障 4Es 标准下文化与文体信息的对等。再次，编撰与教学大纲相符的商务英语翻译教材，在编撰教材时需要将语言作为基础，使翻译教学与语言学融合。重视翻译学理论，选择适合的翻译文本，注重翻译材料的时代性与真实性，将跨文化内容与语言翻译技巧融入翻译材料中。最后，突出培养学生发现、解决问题的能力，使学生在利用教材时，可结合教师的启发去发现、探索翻译过程，避免出现传统教材中重视结果、忽略过程的问题。

第三，创新教学手段，理论与实践并重。4Es 标准中，文体信息的对等与语义信息的对等十分重要，因此需要创新教学手段，将理论与实践置于同一水平线上。为此，教师可通过项目化教学手段将学生作为教学中心，创建有特色并与实践结合的教学模式。首先，教师可将学生分成小组，选出小组组长，成立虚拟翻译工作室，由教师向学生下发翻译项目，以工作室为单位，自行做好准备工作。充分利用现代信息化资源收集与商务英语相关的翻译材料，并上传至学校或班级的公共网站与邮箱中，供学生下载、学习。其次，引导学生了解商务语言特点，讲解翻译原则与翻译方法，从翻译层面进行提升。再次，教师还可以利用多媒体课件布置翻译任务，展示中英文商务资料，要求各工作室进行互译，教师给予合理、恰当的评价。最后，教师还需进行项目考核，针对工作室完成任务的情况进行评选，开展项目拓展训练，为商务企业进行英语翻译。在实践活动中，可有效提升学生翻译技巧，了解不同翻译环境中所需的文体内容，增强其商务英语的翻译水平。

第四，丰富教学内容，语义与文化并重。4Es 标准中提倡语义信息的对等与文化信息的对等，因此，教师在教学时需注意语义内容、翻译技巧、文化内容的讲解与传播。首先，需要提高学生的翻译能力，使其学习翻译理论、翻译标准与翻译技巧，让学生了解翻译实际是一个再创造的过程，要求他们在原文的基础上使用翻译技巧对原文进行再创造，并对原文内容有最准确的了解。翻译策略主要有增译、减译、改写三类。而在商务英语翻译活动中，学生还需掌握商务知识，利用上述翻译策略将原文生动展现。其次，还需加强对学生跨文化知识的培养，提升学生的跨文化意识。不同国家具有不同的文化习俗，因此要求学生在掌握商务知识的基础上，充分了解不同国家的文化习俗，使学生明确翻译过程实际上是语言与文化的转换过程。最后，教师在讲解商务翻译注意事项时还需了解对方国家的文化背景。只有了解文化内容，才能有效保证翻译结果的准确性，减少文化差异所造成的误解，实现 4Es 标准中语义信息与文化信息的对等。

第四节　框架语义理论视域下的商务英语翻译教学

商务英语是依靠英语为基本语言进行国际商务活动的专门用途英语，其内容涉及英语基础知识、商务专业知识、行业习惯、民族习俗、人际关系技能和处世技能等。商务英语是普通英语在某一领域的应用，既有普通英语的语言特点，又有商务知识，是商务知识和普通英语的综合体，具有独特性。商务英语翻译课程是一门综合技能课程，结合了基础商务知识和英语技能培训，旨在培养学生综合运用英语的基础知识、商业知识、行业专业知识和翻译技能的能力，以便达到在国际经济贸易活动中有效传递商业信息的目的。因此，商务英语翻译并不是简单的语言转换，而是在具体商业背景下进行的跨学科、跨文化交际。虽然都属于英语翻译，但是由于商务英语翻译具有专业性和特殊性，因此会表现出不同于普通英语翻译的特点。

在商务英语文本中，译者通常会发现许多日常能见到的或是经常使用的词汇，但是这些看似相熟的词汇往往与我们熟识的意思相距甚远。同一个词汇在不同类型的商务文本之中有着不同的含义和解释，译者在翻译的过程中就要具备良好的专业背景知识，否则就会造成误译或错译。例如，credit 在不同的句子中有"荣誉；贷方；贷款；赊账；银行户头；信誉；信用证"等不同的含义。

商务英语与商务专业知识密切相关，因此商务英语文本中有着十分丰富的专业术语，如缩略语 A/P（应付账款）、B/L（提货单）、B/E（汇票）、L/C（信用证）等；专业词汇 stocks（存货/库存量）、port of discharge（卸货港）、documentary credit（跟单信用证）、counter offer（还盘）等。

由于商务英语本身具有准确、得体的特点，译者在进行商务英语翻译时也往往着重于译文的得体恰当。在商务英语翻译中有许多固定的句式，熟知这些句式能帮助译者更好地进行商务英语翻译。例如，"So far, all our purchases from you have been paid by confirmed, irrevocable letter of credit.（迄今为止，我方向贵方订购的全部货物都是采用的保兑的、不可撤销信用证付款。）"。商务英语的句式正式，且较为单一，大多数句式可以说是"一通百通"，只要掌握了一个句式的翻译，很容易举一反三。

在某些商务文本如商务信函的翻译中，一定要强调得体原则。无论是作为买方还是卖方，商务英语翻译都要充分尊重对方，尤其是在外贸函电中。例如，"We are in receipt of your letter."就可以翻译为"贵公司来函已收悉"，这样就显得礼貌得体。

商务英语与一般英语的区别在于其严谨精确，由于商务业务往来之间涉及金钱利益和法律责任，一字之差就可能酿成大错，所以商务英语翻译一定要忠实原文，以免给买卖双方造成不必要的损失。尤其在涉及违约条款及事项时，译者必须更加严格、认真，即使译文比原文长，也必须准确，严格忠于原文。

归根结底，商务英语翻译还是属于"语义"的转换。认知语言学的发展，在词义推理、词汇意义等方面给予了学者极大的启示，如图示理论、范畴化理论等已被广泛应用于商务英语翻译教学当中。框架语义理论是认知语言学的一个重要组成部分，结合商务英语翻译的特点，探讨框架语义理论指导下的商务英语翻译教学势在必行。

一、框架语义理论的概念

"框架"的概念由美国语言学家查尔斯·菲尔墨（Charles J. Fillmore）提出。当时语言学界用来分析语言概念结构的主流理论是结构主义的语义学，最为突出的则是成分分析法。根据成分分析法这一理论，词义是由一组语义成分组成的。例如，"男人"可分析为"人类""成年"和"男性"三个语义成分，而"女人"可分析为"人类""成年"和"女性"三个语义成分。成分分析法就是这样帮助人们更好地理解语义。然而，这一理论也存在着问题，如对于"男人"和"女人"，性别是区分二者的唯一标准。但是英国语言学家约翰·莱昂斯（John Lyons）曾做过一个非常有意思的分析，如果问一个小孩，男人和女人的区别在哪里，他可能会说出许多特征，如头发的样式、衣服的样式、平常的行为等。因此，仅仅是在大多数成人的观念中，性别是区分男人和女人的唯一标准。莱昂斯的这些分析说明了，要把构成成分说成是最小的意义单位是困难的。在这种情况下，菲尔墨提出了框架语义理论。在框架语义理论中，显像指的是词语象征的概念（也就是我们常说的指称意义），它通常被称为概念显像；框架是一个表征各类体验的概念工具，但也能被看作概念成像所蕴含的概念结构或背景知识。菲尔墨曾这样定义"框架"这个概念，"当使用'框架'这个术语时，我心里想到的是一个互相联系的概念体系，对这个体系中任何一个概念的理解都必须依赖对其所属的整个结构的理解"。从某种程度上来看，语言的意义不在语言本身，而在许多认知活动所构成的框架之中。

二、框架语义理论指导商务英语翻译教学的可行性

翻译不仅是两种语言之间的文字转换，而且是一种跨文化信息的传输。翻译首先强调的是意义。商务英语涵盖经济活动的所有领域，在不同的商业活动中，同样的词汇可能会呈现不同的意义。框架语义理论作为近年来比较热门的理论学说，在其指导下，商务英语翻译教学能够得到更好的发展。

（一）传统翻译模式与商务英语翻译教学有冲突

调查发现，许多学生在做翻译时通常会选择以下两种办法：第一种是字对字、词对词的翻译，即学生弄清楚原文中每个词语的意义，然后再把它们连接起来就得到整句话的翻译；第二种是一些英语专业的学生所采用的办法，即他们首先分析句子结构，然后把句子分成几部分再进行翻译。这两种办法都与教师长期以来的教授模式息息相关。第一种教学模式就是教师虽然注重每个单词的词义，强调翻译中"意义"的重要性，但忽略了句子结构，只是教会学生对单词意义的简单叠加，然而这与好的翻译所要求的标准相距甚远。而第二种教学模式就是教师在课堂中教会学生如何分析句

子结构和语法结构，然后告诉学生答案，让学生作对比。这两种教学模式无论是在形式上还是内容上都与商务英语翻译教学相冲突。

商务英语翻译不同于普通英语翻译，它具有专业性、严谨性和准确性。同时一词多义现象也广泛存在，商务英语中的许多单词都是人们日常经常见到和使用的，但是在商务英语文本中却有着完全不同的意义。如 interest 这个词，人们常用的意思是"兴趣；爱好"，然而在不同的商务英语文本中却有着不同的意义。例如：

（1）Enclosed for your interest is our new brochure which summaries: BIP products and services.

译文：附上我们新出的小册子，供贵方参阅。该册子综述了 BIP 公司的产品和业务情况。

（2）Packing is a matter of great interest to our end users.

译文：对最终用户来说，包装十分重要。

这两个例句说明 interest 这个单词在具体的商务英语文本中不能简单地翻译成其用途最广泛的意义"兴趣、爱好"。因此，商务英语翻译教学并不只是简单的单词意义叠加。

虽然分析句子结构是一种不错的翻译方法，尤其是针对商务英语文本中许多长难句、被动句的情况，但是不了解专业术语的翻译始终存在局限性，学生只是简单地翻译出了他们所知道的原始语义，而没有进行复杂的推理和整合。众所周知，翻译是译者解释源语言并构造目标文本的过程，这是将文本与情境、社会和文化背景以及自己的经验联系起来的过程。所以只注重句子结构分析，不能做好商务英语翻译。

（二）框架语义理论指导与商务英语翻译教学相契合

框架语义理论中最重要的概念就是"框架"。什么是框架呢？意义的确定必须参照一定的背景知识体系，而且这一背景知识体系反映了理解者的经历、信念和实践。其中所提到的"背景知识体系"就是框架语义理论中所提出的"框架"。所以，商务英语翻译和框架语义理论是相契合的。因为商务英语本身就是普通英语的一种特殊变体，它是用来进行经济往来和贸易活动的一种专门用途英语，这本身就给商务英语这个概念划定了一个框架。商务英语翻译就是在这样一个框架中进行的，这正好与框架语义理论不谋而合。在商务英语翻译活动中，解释原始文本时，译者必须在特定语义框架中理解原始文本的每个单词。在目标文本的构造中，译者应根据由原始文本中的每个单词提供的语义框架来再现或重构目的语言中的语义框架。如 "Without prejudice to any rights which　exist under　the applicable laws or under the Subcontract, the Contractor shall be entitled to withhold or defer payment of all or part of any sums otherwise due by the　Contractor to the Subcontractor. "，这句话中的 prejudice、withhold、defer、due 都是多义词，但是这句话中的其他信息能为它们提供具体的语义框架。在这一句子中，有"承包商""付款"和"分包商"的框架，在这样的框架下，prejudice 必然不会是人们常用的释义"偏见"，而应该是"损害"。由于 withhold、defer 与 payment 构成一组动宾结构，也就不难推测其释义为"保留"和"推迟"。因此，做好商务英语翻译，必须有商务英语文本所构建的框架，从而在这一框架中推测出一词多义的具体释义。教师只有这样引导，学生才能更好地进行商务英语翻译活动。

框架语义理论在一定程度上与商务英语翻译有契合之处。教师应在框架语义理论的视域下进行商务英语翻译教学，指导学生构建具体的语义框架，在具体的语义框架下进行句子结构分析、语法分析和词汇语义分析。教师需要扩充学生具体的知识面，如商务信函、外贸跟单、国际物流等方面，同时加强对学生认知能力等方面的训练，提高学生的逻辑推理能力、组织能力和联想能力等。只有这样，学生才能更好地进行高质量的商务英语翻译活动，以保证翻译内容的准确性和得体性。

第五节　经济一体化下的
商务英语翻译教学

根据相关调查资料得知，世界上有很多国家在日常生活中都习惯使用英语，并且英语的普及率越来越高。从经济发展的趋势来看，随着经济一体化的加深，商务英语作为商务活动中必须使用的一门专业化语言，其学习和应用必然会得到重视和发展。这也就对我国高校商务英语专业的教学质量提出了更高的要求。本节通过分析经济一体化大背景下商务英语的课程体系特征和目前教学过程中存在的问题，提出切实可行的解决意见。

一、商务英语翻译课程体系的特征

在我国的教学体系中，英语很早就被纳入了教学重点，这与我国的国情是密不可分的，商务英语翻译专业本身就是在普通英语课程的基础上发展而来，它不仅需要学生具备基础的英语专业的口语、听力和书面写作等能力，还需要懂得企业商务翻译、商务谈判、心理学等知识。与普通的英语专业相比，商务英语翻译专业所需要的知识更综合。我国的经济发展水平与发达国家相比还有一些差距，但是在经济全球化的背景下，我国的经济发展机遇也很大，对商务英语翻译专业的人才需求量也逐年增大，但是高质量的翻译人才培养是当今高校教学所欠缺的。商务英语翻译在国际贸易中是各国交流的工具，受到各行各业很高的关注。详细了解商务英语翻译专业的特点，是提升商务英语翻译专业的教学效果、更好地培养复合型人才的基础。

商务英语专业也有其自身的特征，其特征主要表现在以下两点：第一，重视普通英语语言和商务专业知识的结合，学生需要学习很多的与商务英语相关的专业术语翻译词汇，能够熟练和准确地翻译与商务内容相关的信息和资料。学生也需要牢固掌握与经济相关的专业知识和商务活动中的基本知识，以便更好地进行相关的翻译工作。第二，与传统的英语学习方式和内容相比，商务英语专业的学习难度大，翻译技巧要困难得多。为减少工作当中的失误，译者应当将资料的字面意思和深度含义都翻译出来。

从商务英语课程的特征来看，商务英语翻译的课程体系主要有以下特征：

第一，以培养商务英语翻译人才为目标。从分析商务英语的特征可知，商务英语具有较强的专业性、实用性，并且其要求较高，在进行书面翻译时，格式要求更高。高校商务英语翻译专业的毕业生应当是既懂得英语知识，又会商务知识的复合型人才。因此，高校在进行商务英语翻译教学工作的时候，需要着重培养学生的英语学习能力和笔译、口译的能力。在教学过程中应当重视学生对基础英语的知识学习，并且设置商务知识的课程，向学生多讲解商务英语翻译专业的英文单词、短语等，讲解商务英语翻译和一般英语的区别以及商务英语本身的特点，使学生能对商务英语翻译工作有很好的把握，能够准确快速地对商务信件、合同等资料进行翻译，并且在商务谈判中熟练地运用一些谈判技巧。

第二，将语言能力与专业能力相融合的培养方式。商务英语翻译专业是传统英语学习与商务知识学习融合之下的专业，因此在对此专业学生进行培养的时候，教师应当采用一般英语知识教学和商务专业知识相结合的教学方式。良好的传统英语翻译学习能力是商务英语专业的学习基础，只有英语知识扎实，学生才能将其与商务知识相结合，进而学习好商务英语专业知识。首先，商务英语翻译的课程设计要加入学生的口语发音、阅读理解、词汇掌握和表达能力等的学习训练，也就是重视听、说、读、写、译能力的培养。只有熟练地掌握基础知识，才有利于商务英语翻译的书面写作和口语表达。由于商务英语有其自身的特性，因此学生在学习时要注意把握其中的差异。其次，还应当引导学生了解西方国家传统文化习俗，以便其对英语有地道的理解，在此基础上使学生学习商务专业英语的专业词汇以及商务知识的专业性表达。最后，还要让学生学习翻译学的理论知识，掌握翻译的技巧，有助于其学习国际贸易、市场营销和经济学知识。

第三，丰富教材内容。在商务英语翻译教学中，教材的选择对教学的质量和效果有着至关重要的作用，教材和内容的好坏直接影响教学成效。但是目前我国商务英语翻译专业的教材出版数量较少，大部分是针对普通英语教学的教材，缺少商务英语翻译专业的专业性教材。并且教材的覆盖面比较窄，仅仅包含简单的商务知识，没有突出商务英语翻译的专业性。这就给教师的教学带来了困难，教师需要按照既定教材内容进行授课和讲解，很多时候讲解的内容停留在简单的理论阶段，无法结合商务英语专业的实际特点进行讲授。学生在学习过程中也缺乏实践，不能了解企业对商务英语翻译人才的具体要求，进而不能更好地改进，很难提高自身的综合素质，因此在就业时就没有更好的选择。

第四，注重教师培训。提高高校教师队伍的综合素质是提升商务英语翻译教学质量的关键。很多英语专业的教师只是英语专业的素质较好，对商务知识了解却较少，讲授的内容比较单一，学生不能掌握较为综合的知识。作为一名商务英语翻译专业的教师，首先应当具备英语专业的基础和专业知识，其次应当具备教学能力，最后应当具备商务知识。但是，当前我国的院校缺乏这样综合素质较高的教师队伍，其主要原因有两个：第一，商务英语翻译课程专业性与应用性较强，此专业在教学上需要聘用具有较高素质的教师，但是大多数教师只是普通英语专业毕业的教师，缺乏企业商务活动的相关工作经验，造成教学质量低下。第二，基于经济一体化背景，商务英语翻译工作是一门顺应社会发展而产生的学科，许多商务英语教师没有相关的教学经验，授课时抓不到重点。这两个原因都使高校商务英语翻译专业的教学质量不佳。

第五，完善课程设置。课程设置是构建课程体系的重点内容，科学的课程设置是教师完成教学任务的基础，能够提高课堂学习效率。当前，我国高校商务英语翻译教学仍然采用闭卷考试的方式测评课程质量，这和商务英语翻译的教学要求是不一致的。这种教学评价方法只是重视教学结果，而不注重教学质量，评价方法过于简单。商务英语翻译的实用性和教学测评方法的实质不一样，这对学生学习商务英语翻译专业知识没有益处。

二、经济一体化下的商务英语翻译教学策略

（一）编写专业商务英语翻译教材

商务英语翻译专业的教材具有专业性和实用性，它与一般的英语翻译教学教材有很大的不同。针对这种特殊性，学校应当根据本校学生的特征、该门课程的特殊性以及学生对学习本专业的实际需求，进行专门的教材编写。学校可以让英语专业的教师和在企业从事过商务相关经验的人员来共同编写教材，以保证教材的编写质量。但是在编写教材时应当注意以下两个方面：第一，编写时的重点仍然以学习英语为主，编写教材的根本目的是有助于学生学习一门语言；第二，结合翻译理论，学习商务英语翻译的目的不仅仅是学习语言的基础，重要的是将所学的知识进行输出，也就是进行翻译，所以要掌握一定的翻译技巧。综合来说，就是要使所编写的教材能启发学生思考，使学生主动投入学习。

（二）完善师资队伍

教师拥有比较高的能力和素质才能对学生的教学更有帮助。教师不仅在课堂上对学生有启示，还会在日常一点一滴的小事上对学生产生影响。学校可以聘请有过商务活动工作经验的高素质人才，作为学校的兼职教师，一方面为本校教师提供经验，另一方面，还可以给学生讲解一些实战经验。学校还可以为本校教师提供一些培训学习的机会，通过选拔优秀的教师到外资企业进行学习，实地参与商务翻译工作，为教学积累经验。学校还应当在平时采取激励措施，鼓励教师多学习，学习最新的教学理

念和方法以及商务专业所需要的经济学、营销学和心理学等知识，多方位提升教师的教学能力。

（三）创新教学方法

简单的教学方式已经不能满足现代学生多样化的需求，教师在教学时可以增加案例教学，将商务活动中翻译工作的实际情况讲授给学生，并适时地向学生提问，增加与学生交流的机会。在选择教学案例的时候，教师应该根据教学的实际需求，多参考些案例，并将知识点增加到案例中，让学生积极参与到学习中，这样不仅可以让学生学到知识，还能提升学生思考问题的能力。教学中教师还应该适时增加信息技术，使用多媒体教学方式，使教学更加生动，使学生的学习积极性更高。

（四）构建多元化评价方式

随着教育体系的不断完善，教学评价方式也需要多元化，这样有利于优化整个教学体系。教学课程评价办法和教学质量有着很大的关系，高校原本的封闭式考试评价方法主要是教师根据考试分数进行评价，主观性比较强。对此，应当采取学生自评、同学互评与教师评价相结合的方法，使评价方式更加多样化。将综合得分作为学生的学习成果评价，会更加客观。

第六节　建构主义理论视域下的
商务英语翻译教学

建构主义理论强调以学生为中心。教师在商务英语翻译教学中应以学生为中心展开教学，选用恰当的情境布置翻译任务，引导学生主动建构职业意识并贯穿商务英语翻译实践，促进学生在翻译过程中实现"自我发现"，提高学生的学习兴趣。

为适应社会对于复合型人才的需求，我国外国语院校纷纷开设商务英语专业，并制定专门培养商务英语人才的课程。商务英语课程旨在培养具有扎实的商务专业知识、广博的国际知识，以及熟练掌握英语听、说、读、写、译能力的商务英语人才。但受传统教学模式、教学理念的影响，目前商务英语教学存在着一定问题，如教学环境单一、教学方法不能与时俱进等。建构主义理论强调学生学习的主观能动性。建构主义理论下的商务英语翻译教学能够促进学生"自我发现"的学习过程，提高学生的学习兴趣。

一、建构主义教学理论的基本主张

20 世纪 60 年代，瑞士心理学家让·皮亚杰（Jean Piaget）提出了建构主义理论，这个理论从全新的视角探讨了已有的教学模式，这既是对传统认知理论的发展，也是对已有的教学理论的挑战。建构主义理论认为，学生通过学习建构知识体系，他们学习的知识是借助其他人的帮助在一定的情境下获得的。建构主义理论强调"情境"的作用，重视"协作"在获取知识过程中的重要作用。建构主义理论指导下的教学是以学生为中心，以教师为组织者和促进者的学习过程。教师通过构建情境、促进写作、加强会话沟通等手段，充分激发学生的主动性和创新性，最终使学生实现对知识的意义构建。

第一，学生在知识构建中具有主动性。在建构主义理论指导下的教学过程中，教师十分重视学生已建构的知识体系，教师不再单纯地去输出知识让学生接受，而是在学生已有的知识体系基础上做加法，引导学生从原有的知识体系中生长出新的知识。这样的教学过程不是简单的知识传递，而是知识的生长，是学生主动进行的学习。

第二，教学情境在意义建构中的必要性。在建构主义教学理念的指导下，教师在教学中建立认知情境，促使学生在吸收知识的过程中自然融入认知情境，学生通过融入情境使已有知识经验与新知识体系共同深化，从而构建符合学生自身发展状况的、有意义的知识体系。教师在设定教学情境的过程中，注重强调情境的真实性，学生在这样的教学情境中能够主动加工输入信息，加深新知识与旧知识之间的联系，从而实现新知识的构建。

第三，协作手段在教学中的应用。学生在协作、交流中会对学习内容产生更深的理解，这对于知识结构的构建具有非常重要的作用。教师应在构建主义理论的指导下对学生的交流、讨论进行引导。学生在教师指导下组成学习小组和学习互助组，对教学内容展开协商讨论，在此过程中生生、师生之间的碰撞可以实现知识的共享，这样的协作学习有助于整个团队完成知识体系构建。

第四，学习资源在知识构建过程中的作用。学生除了要在教师构建的情境中协作学习知识，还要充分利用学习资源，教师可以针对教材内容充分利用学习资源对学生进行知识讲解与展示。另外，学习资源的有效利用还可以支持学生进行自主学习和自助式探究。学生通过搜索资源、利用资源，最终完成知识的消化理解。在整个获取学习资源的过程中，教师只起到协作、指导的作用，学生的主动性才是发挥学习资源有效性的关键。

二、用建构主义指导商务英语翻译教学

经济全球化对商务英语专业人才的需求越来越大，尤其具有扎实翻译能力的人才。虽然每年有数量可观的商务英语翻译类毕业生进入人才市场，但是真正符合翻译市场要求的人才数量并不多，商务英语翻译教学情况与翻译市场需求存在脱节现象。以建构主义理论指导商务英语翻译教学非常有利于改变这种现象。具体如下。

第一，实现以学生为中心的教学。建构主义教学理论认为学生在教学过程中居于中心地位，教师只是帮助学生实现学习目标的辅助者。这种教学模式能够完成学生从被动学习到主动学习的转变，彻底打破以教师为中心的课堂模式。相比于传统教学法，构建主义教学更注重培养学生的独立学习精神和主动性，让学生主动发现问题，并且主动解决问题。在实际教学中，教师根据学生的学习基础和认知规律设置适合的翻译情境、翻译任务，让学生主动参与到翻译活动中，在活动中彼此学习、共同讨论，主动构建并灵活运用翻译技巧，提高学生在实际情境中的翻译运用能力。学生的主动性和创造性在教师设置的翻译情境中得到充分的发挥，这样的教学过程不仅是传递知识的过程，更是知识的转换与交流的过程。

第二，选用恰当的情境布置翻译任务。在实际翻译教学中，强调翻译的实用性是每个商务英语教师都应该重视的。在实际教学中，恰当的情境布置对于提高学生翻译能力，让学生通过对话、交流解决情境中遇到的翻译问题，从而促进知识经验的增长和翻译知识体系的扩充是非常有效的。

教师在教学中可以适当运用教学手段实现情境布置。首先，根据商务英语的特点，

商务英语翻译教学应多维度推行，侧重于商务英语翻译的专业性和实践性，明确商务英语的语言特点，不能呆板沿用传统的翻译标准，应适当采用直译法、调整性译法、仿译法等创新性翻译方法。其次，将影片、音乐、视频等多媒体手段和网络资源引入教学过程中，让学生有沉浸感。在教师布置的情境中，学生交流、翻译的积极性被最大限度地调动起来。例如，在商务广告翻译课中，教师可以给学生播放天猫"双十一"广告让学生进行汉译英翻译训练，也可以让学生观看亚马逊网站的广告进行英译汉训练。这样的同类型中英广告对比翻译，让学生在有限的时间内体会到翻译的灵活性、及时性。最后，可以对学生进行分组，让学生在交流中发现自己在翻译方面的不足，促进学生自主学习。在教师设置的情境中，学生可以自由参与，不把自己的翻译错误当作关注的重点，要敢于翻译、尽情交流，在自由平等的氛围中感受翻译的魅力。

第三，主动建构职业意识并贯穿翻译实践。教师在实际教学中应该主动建构职业意识并贯穿翻译实践，帮助学生积极完成校内教学和课外实习。在校内实践方面，教师应该在课余时间安排学生参加一些实训课，鼓励学生在设定的情境中尽情发挥。教师在实训课上向学生提供适当的学习资源，如提供一些真实的商务规划书、合同、文案、广告等，以此提高学生的笔译能力。商务人员往往面对的是来自多个国家的英语使用者，有些是英语国家的，而有些是非英语国家的。教师在提供语音或视频资料时，应该有意识地选择一些以非英语为第一语言国家的音频，让听惯了标准英语发音的学生实际感受一下这种可能会遇到的情况。在校外实训方面，教师应该为学生安排一些翻译任务多样化单位的实习。在校外实训时，很多学生存在的问题就是专业术语能力不足，在最开始实习时听不懂话、翻译不明白。在现实问题下，大部分学生都会选择主动查阅词典，丰富词汇量，进而把所学的翻译知识运用到职业翻译中来。这样的校外实训经历可以让学生在实习中逐渐形成职业翻译人员应该具备的素质。

第四，教师应帮助学生完成学习者到职业翻译者的转变。教师作为学生翻译事业的引路人，应当积极实践，建构教学理论，使学生在跨入社会时具备应对各种商务问题的能力，让学生能够迅速适应商务翻译工作。当今国际经济一体化趋势不断加强，国际商务活动日益频繁，招商引资、对外贸易、技术引进等商务活动无不涉及商务英语。在此大形势下，培养精通中西方语言知识、具有广博的国际商务知识和高超翻译技能的实用型商务英语翻译人才，是当前商务英语翻译教学的宗旨。商务英语具有十分明显的商业性、大众性和时代性特点，特定的文化背景和价值观在很大程度上影响着商务英语交流活动的结果。对于商务翻译教学来说，教学改革依然任重而道远。教师应在构建主义理论的引导下以学生为中心，打破传统教学的禁锢，让学生在教师构建的情境下完成翻译，促进学习、交流；帮助学生独立思考、解决问题。这样的训练会为学生未来的职业生涯打下坚实基础，学生在教师的引导下会逐渐意识到商务英语翻译的重点不仅仅是商务知识的运用，更是翻译能力的运用。建构主义理论的应用为商务英语教学打开了新的大门，让商务英语翻译教育可以根据不断变化的环境进行调整，为学生主动创造构建知识的渠道，提高他们的素质。

第七节　双语平行语料库驱动下的
商务英语翻译教学

时代在变化，教学在创新，语料库在应用语言学中的作用也日益凸显。本节探讨了商务平行语料库存在的必要性与可行性，并提出相应的自建库办法，进一步阐述了中英双语商务平行语料库的课堂教学应用效果，以及双语平行语料库驱动下的翻译教学对英语教学改革产生的重大影响。

如今，平行语料库对提高翻译人员的英汉双语转换意识具有显著的作用，所以相比之前传统的课堂形式，现阶段汉英翻译教学过程中，学生的学习方法和教师的教学方法都在一定程度上被有效地优化。

教师借用平行语料库，能够让学生更加直观地探索和研究两种语言中对应的词汇、语句结构划分信息，这种方法可以使那些建立在"形式—意义"之间的词句联系直观地反映在学生的视角之下。平行语料库可以为学生提供最基本的学习资源，它使学生由被动式的输入性学习转化为"以学生为中心"的创新式自主学习，并在某种程度上创新、改革了课堂学习方式。因此，教学类语料库应运而生，但是它们主要是一些基于行业知识面的词汇收集，如医用语料库、金融语料库、计算机语料库等。像此类的语料库可以通过一些国内外大型在线语料交流平台或语料商城获取。但是在英语翻译教学方面，如果直接将上述语料库加入英语专业词汇教学，会增加学生在行业专业知识之外的负担。由此可见，建立一个更适合翻译教学的语料库是十分必要的。

一、商务英语语料库在英语翻译教学模式中的重要性

与基础英语相比，商务英语的选材更加广泛，涵盖的方面也更多，这就决定了商务英语在英语翻译教学中有着不可替代的作用。从主题上看，商务英语语料库包含了高校学生主体共同认知范畴的熟悉话题，如社会、政治、金融、交通、旅游、文化、饮食、娱乐等多个范畴，这些范畴跨越和交叉了多个学科及专业领域的相关知识。此外，商务英语语料库贴近现代生活，生动实用，经常参照学习能有效地防止学生在翻译时选择的词汇偏离英语的使用语境，能更好地贴合语言的使用范围。因此，基础语料内容的建设在一定程度上基本可以满足翻译课堂教学和实践的需要。

随着时间的推移，商务英语语料库不断积累，使用的词汇也与时俱进，具有一定的时代性。与更新缓慢、不便携带、版本单一的词典和工具书相比较，商务英语语料库应该算得上是兼具流动性和便捷性的语用资源。除此以外，商务英语语料库创建的商务素材语料资源也在不断升级和更新。

随着社会日新月异的发展和演变，许多新生事物被人类发现，例如，当一种新的自然现象或社会现象出现在人们的日常生活中，其专属名词也就此诞生，如台风利奇马（Typhoon Lekima）、网络名人/网红（online celebrity）等此类词语，它们都是在社会新闻报道中及人们日常交谈中反复出现的高频词汇，但是《牛津高阶英汉双解词典》《朗文当代英语词典》等常用词典均未收录上述词条。这主要是因为修订和出版一本词典都要耗费修订人员大量的时间（通常是 3～10 年）和精力。显而易见，这种速度在当前的翻译学实践中是不可行的。

此外，与其他一些工程类型或常用的语料库类型相比，商务英语语料库比较灵活，能够对翻译过程中的词条或文本理解起到指导性的启发作用。因此，像一些类似衍生词义的词汇如果能加入语料库中供学生参考学习，那么学生译文的可读性一定可以提高。

二、中英文平行语料库的应用与研发弊端

（一）缺乏大规模、多用途的平行语料库

目前，就英汉双语平行语料库来说，平行语料库虽具备数据检索系统，但语料"预处理—收集—标注—切分—对齐"这五道工作程序都需要花费很多的时间和精力，对准确度和细致度的要求很高，从而影响了中英文平行语料库的构建速度，导致现阶段仍缺乏大规模、多用途的平行语料库。

（二）语料库的深度不够

双语平行语料库的研制在深度和广度上，对研究课题的选择产生了很大的影响。目前，大多数语料库被分为两大类，即非文学类和文学类，但专一门类只占很小一部分。因此，在分类上可以更细化，如非文学语料库可分为新闻、财经、科技、法律、农林、历史、医学等；文学语料库可分为小说、散文、戏剧、传记和诗歌等。另外，语料库标注主要是基于词类划分，如语义、句法、修辞等，且都是人工完成的。现今的语料标注技术还未达到较高的水平，建库人员需要总体把握、全盘考虑，才有可能构建一个大规模、多用途、综合性的平行语料库，以此支撑未来的系统研究。

（三）现存语料库的研究不够深入

现存英汉双语平行语料库大体上分为四种类型，即英语原文与汉语译文、中文原文与英语译文、英汉翻译与英汉双语、语内类比与语际比较。而对于平行语料库的翻译研究来说，尤其是类比研究，还很匮乏。然而在一些专属领域的语料库中，最大的优势是一对多的翻译模式，但它仅适用于文学作品领域，很少应用于非文学文本，如政治理论、财经、新闻、法律等。因此，翻译学者有必要在学习和完善语料库翻译研究方法的基础上，通过英汉对比研究，寻找新的研究对象，建立新的研究模式，进而不断更新、发展平行语料库。

（四）语料库译者之间缺乏沟通与合作

语料库的重复建设阻碍了语料库规模的扩大，导致其覆盖范围和应用范围仍普遍不足。那么对于建库人员来说，就需要在相互沟通和交流的前提下分工合作，制订

计划，整合现有资源，致力于把国内平行语料库建设成一个学科全覆盖的综合性、大规模、多用途的语料资源项目。近年来，计算机技术与翻译研究相互融合，计算机专业人员与翻译学者之间的合作也在逐渐加深，这就为语料库翻译研究的发展搭建了良好的交流平台。

三、英汉双语商务平行语料库下的翻译教学模式的构建与应用

创建英汉双语商务平行语料库要求建设者大规模收集相关的语料库素材，以进行整理、研究和比较。整体操作可以分为两部分，一部分是双语商务文本素材的收集和整理，另一部分是语料库的自建制作。

（一）收集和整理英汉双语商务文本素材

首先，对从英语学习网站获得的商务媒体报告或官方的英汉双语翻译文本材料进行分析和筛选，选择出那些科学地展示了商务主题的素材。其次，务必将读后产生歧义的部分删除。最后，对于某些概念、词汇的选择还需要确保政治上的正确性，反复检查和验证翻译的准确性，从而形成用于语料库制作的源文件。

获取英汉双语商务语料库的途径有很多，主要包括英国的 BBC、《经济学人》《泰晤士报》，美国的有线电视新闻网、美国之音、《纽约时报》等。国内的语料库来源有《中国日报》、中国国际电视台、中国国际广播电台等里面的媒体商务。这些语料库来源可以方便教师独自搜集或整理，所占用的时间成本也较低。此外，教师还可以与项目团队的成员分工收集和积累，以便加快语料库的构建进程。同时，教师可以直接在线搜索相关官方网站获得某些商务模块的高质量中文文本，对未提供官方双语参考版本的商务语料，也可以通过国内英语学习网站获取。经过个人仔细地校对或团队成员的分工核查，它们也可以用作构建英汉双语商务平行语料库的素材。

（二）语料库的自建制作

英汉双语商务平行语料库的建设包括建立翻译记忆库和建立翻译术语库。首先，将整理无误、具有较高实用价值的语料库按主题划分归类，并选择适当的语料库对齐

工具，然后制作翻译记忆库。理想的翻译记忆库应在句子层面实现对齐。教师可以依据个人使用习惯或校内计算机系统环境来选择合适的软件，可以使用 CAT 软件随附的对齐工具或组件，如 TRADOS WinAlign、Transmate 等，或使用单独的双语对齐工具，如 LF Aligner、WordFisher 等。需要注意的是，在使用 Transmate、Aligner 对齐工具导入原始翻译后，通常会自动将其分为两列的逐句双语比较模式，这对调整单词顺序之类的翻译技巧可能会造成影响。如果原始翻译的分割不一致，还可以使用下面的方法进行操作：使用操作工具栏中的按钮调整对齐方式，如手动合并、拆分、删除等。借用软件工具完成上述流程后，将文件保存起来，另存为 TMX 格式并导出，导出的文件就能形成翻译记忆库文件，重复以上操作过程便可以添加新的语料，扩展库存容量。

其次，在建立翻译术语库的时候，建库者可以借助软件对齐工具来完成翻译术语提取的操作。翻译术语一般是指专有名词，如人名、地名、国家名、区域名、专业分类中的一些专业术语及人们日常生活中约定俗成的语言（谚语或俗语）等。例如，当使用 Transmate 软件对语料库进行对齐设置之后，可以用工具栏右侧的"提取术语"按钮，依据词频设置等其他类似的选项选择过滤所需术语。然后保存内容并导出为 Excel 格式的文件。

最后，将以 TMX 格式导出的翻译记忆库文件和以 Excel 格式导出的翻译术语文件一同导入主流工具 CAT 中，用作建设本地语料库。英汉双语商务平行语料库的建立在一定程度上促进了翻译课堂的教学，教师正确使用平行语料库可以极大地辅助翻译教学，使教师的教学方法和翻译实例得到丰富，学生探索翻译和自主学习的意识得到改善。

大量新鲜生动的语料库为教师讲授翻译理论、技巧、句型的选择等实践教学提供了生动的例子。语料数据呈现在学生面前是平行语料库的主要表现形式，而这些双语数据使学生在翻译技能和特定语言的项目学习中获取足够的语料素材。从这个层面上来看，利用语料库讲授翻译技巧时一定要有针对性。例如，当讲授涉及无灵主语的汉英翻译时，"去年发生了多起公共安全事件和重大生产安全事故"。一些学生习惯在翻译时从语法的角度出发，以"事件和事故"为主题，粗略地将其翻译为"A number of public safety incidents and major workplace accidents have taken place during the last years."；还有一些学生采取了不同的方法，考虑到 there be 结构（存在句）的使用，它被粗略地翻译为"There have been a number of public safety incidents and major workplace accidents taking place/going on over the last year. ";只有极少数学生想到使用无灵主语,"Last year saw the occurrence of a number of public safety incidents and major workplace accidents. "的结构。但实际上,外国期刊文章基本上都使用无灵主语在近似的上下文中传达此类信息,从而使语言形象感强、灵活生动、可读性强。许多英语词汇的选择和句子模式经常反映出情感和态度,而这正是学生应该学习掌握的确切用法。教师使用双语商务平行语料库来显示有关外国的期刊,如《纽约时报》和《经济学人》等,这些期刊上使用的真实语言是很有说服力的,更容易打动学生,也更容易让学生接受,有助于提高翻译课堂的有效性。

当学生使用英汉双语商务平行语料库的时候,可以直面庞大的语料数据,依据这些数据可以帮助他们归纳总结翻译规律,学习翻译技巧。从翻译教学实践可以看出,在课堂中运用平行语料库,只要允许学生使用 CAT 工具,就能感受到学生在课堂上的参与情况。教师也可以通过合理的教学任务设计,驱动式地利用这种学习环境来激励学生进行独立探索、分组讨论、重点讲解,使学生自觉主动地进行翻译学习,最大限度地优化教学效果。

第八节 "互联网+"时代翻转课堂在商务英语翻译教学中的应用

现代化教学实践中,学校越来越重视大数据技术的应用,并结合互联网技术,采用翻转课堂教学模式,使商务英语翻译教学质量得到保证。对此,本节以翻转课堂为研究对象,结合商务英语翻译教学现状,探究翻转课堂实践的必要性,从课前准备与课堂教学两个方面阐述"互联网+"时代下,商务英语翻译翻转课堂的有效应用。

一直以来,商务英语翻译工作都需要在团队合作的基础上完成,传统教学中,虽然学生能够掌握大量商务英语翻译技巧和理论知识,但是缺乏实践途径,且无法拥有实战性团队的合作氛围。结合当前"互联网+"的时代特点,基于现代化信息技术,采用翻转课堂模式进行商务英语翻译创新,可以为学生营造积极向上的合作环境,从而使其灵活应用专业知识，提高专业技能水平。

过去，教师进行商务英语翻译教学时，会对学生灌输各行业大量的基础理论知识，为学生未来进行商务英语翻译积累各类关联性知识，如国际贸易、股票证券、商品交易、外币汇率和商务法规等。无论是英译汉，还是汉译英，学生都要从行文格式、口述规范与文体特征方面入手，使翻译结果满足商务目标的需求。由此可见，商务英语翻译的行业标准很高，传统的课堂教学很难达到这一标准。无论是教材，还是案例，教师在教学时明显落后于行业实际发展现状，甚至有的教师依然在使用旧的商务英语教学课件，导致学生无法学到最新的翻译知识，毕业后难以满足应聘岗位的要求。

随着"互联网+"时代的发展，学生已经习惯于应用互联网和智能手机展开学习，很多学生依赖电子设备带来的学习便利。而传统商务英语翻译课堂中，教师依然采用知识点灌输的教学模式，单方面为学生讲解各部分知识点，没有应用计算机信息技术进行教学。不仅如此，很多教师深受应试教育模式的影响，认为衡量学生学习效果的唯一途径就是考试，导致课堂缺乏客观性评价。久而久之，这种商务英语教学与考核模式无法与当前"互联网+"时代的要求相匹配，不利于商务英语翻译教学效率的提升。

一、"互联网+"时代翻转课堂在商务英语翻译教学中的必要性

（一）翻转课堂概述

翻转课堂教学模式来自美国，并在迈阿密大学的经济课中展开实践，最终取得了良好的教学效果。随后，一位美国高中教师制作了上课视频，并在网络平台中发布，帮助学生利用课下时间补课。随着网络平台中观看该教师课程人数的增加，这种教学模式逐渐发展为学生自主利用网络学习课程基础知识，并在第二天的课堂中表述自己的实践成果，人们将这种教学模式称为"翻转课堂"。经过近年来的经验积累与总结，各国教育界对翻转课堂的理论认知趋向统一：① 与传统教学模式相比，翻转课堂中学生拥有更多主动权，可以自由支配自己的时间，随时随地进行网络学习；② 教师负责引导学生科学地选择学习内容，并对学生的学习成果展开评价，加深教师和学

生之间的交流互动。

（二）在商务英语翻译教学中应用翻转课堂的教学突破

1.资源更新与共享方式创新

基于翻转课堂模式的教学实践，教师会为学生提前录制视频，并将与本节课程内容相关的资源查找出来，随后将所有资源上传到网络平台。学生在家中用电脑和手机就能下载这些资源。目前，在我国教学改革背景下，这种教学模式可以提高教师课前准备工作的质量，引导学生利用课余时间学习商务英语翻译的知识，巩固理论基础。在网络平台中展开学习有利于教师及时准备课件，同样的教学内容，教师可以准备多个不一样的案例，学生通过翻转课堂可以了解各个案例之间的共性与区别，拓展商务英语翻译的学习空间。翻转课堂实现了教师与教师之间的教学资源共享，教师可以借鉴其他优秀教师的教学方法，提高自身的教学水平。

2.教学流程与学习方式创新

将"互联网+"背景下的信息技术与翻转课堂教学模式相结合，教师可以全方位选择教学方法，并为学生提供更多的学习机会，学生也可以在翻转课堂模式下拥有更多的自主学习权。此外，学生通过网络平台可以自由选择授课教师，按照自己的兴趣爱好选择课程。翻转课堂模式改变了原有的商务英语翻译教学流程，过去的教学模式被课下学习与课上练习模式取代，学生可以回家后上网预习第二天的知识点，并通过信息技术在教师给出的课件知识范围内进行自主学习。随后，学生的重、难点学习情况与作业完成程度都会被汇集到教师端，教师根据结果反馈对教学方式进行革新，帮助学生提高学习成绩。

3.教师评估与总结方式创新

翻转课堂模式下，教师课堂评价与教学总结的方式被创新。商务英语翻译教学可以依赖信息技术实现翻转课堂与学习成果的测评。教师可以根据学生回放录像的时间段，合理预测学生对视频中某一知识点的掌握情况。随后，教师有针对性地为学生选题，在课堂检测中让学生作答，以此检查学生的学习效果。教师可以在翻转课堂模式中展开网络化考评，将学生成绩录入到期末总成绩，让网络学习成绩成为学生日常成绩的一部分，使商务英语翻译教学总结更客观、合理。

二、"互联网+"时代的商务英语翻译翻转课堂的教学设计

（一）教学逻辑设计

对翻译教学实践来说，翻转课堂并不是简单的流程转变，而是一整套系统严密的逻辑体系，整个逻辑体系包含了教师需要负责的翻译教学内容和学生负责的内容。除此以外，翻转课堂需要借助互联网时代下的信息技术，创建综合商务英语翻译教学平台。

很多学校会应用慕课（MOOC）平台，通过该平台为学生带来更加优质的教学资源。出于教学资源版权问题的限制，或者对学生信息保护等原因，学校可以结合自身实际教学情况，自行设计商务英语教学平台，或者与其他学校共同合作，自主研发教学平台。该平台要支持信息与数据交流及共享，让各学校可以共同使用平台完成翻转课堂教学，综合课堂实际情况制作客观的团队合作体系。

（二）课前资料准备

作为商务英语翻译教学的基础，教师开展翻转课堂教学模式之前需要做好资料收集与整理工作，这也是整个商务英语翻译翻转课堂教学逻辑设计体系的中心内容。但是商务英语翻译教学的难点在于教师需要让翻译技巧和企业商务活动中需要的内容相互配合，使各类商务活动中产生的语言、产品介绍与法律法规能够用一定的翻译技巧表达出来。例如，教师为学生讲解与金融机构相关的商务英语翻译技巧时，可以用课件为学生介绍金融市场内存在的并购行为，引导学生认识更多商业银行的英文名称，掌握当地金融法规与证券保险，熟悉其中的专业术语。同时，教师可结合教材中的语法内容，如英汉语言结构、定语从句翻译技巧，为学生提供更加丰富的翻转课堂教学内容。

在课件中，建议教师从以下几个方面突出商务英语学习的重点：① 中国特色词汇；② 国际贸易专用词汇语句；③ 合同与法律专用词汇、固定语句；④ 金融行业专业词汇语句。教师为学生录制课件的时候，可为学生合理设置节点问题，使学生一边学习一边练习。教师可以利用翻转课堂网络平台数据库为学生设置课后练习作业，学生通过数据库随机抽取习题，这样可以有效避免学生作弊。提交作业后，教师总结学生在本节课学习中存在的共性问题，并在课堂中予以解答。

（三）课堂教学设计

高校商务英语翻译课程包含的内容较多，涵盖领域也比较广泛。教师在实施翻转课堂教学设计时，应根据学生实际学习状态创设合适的教学情境。教师可以根据各个单元的学习内容导入课程案例，按照学生前一阶段的成绩，为学生搭配学习伙伴，组成学习小组。如果每个班级有 40 人，建议 5 人一组展开合作学习，学生自主划分翻译内容，按照汇总的问题寻找专业教材。这一过程中教师需要起到引导作用，为学生的翻译活动进行指导，引导学生的翻译内容不偏离主题。课后，学生根据已经掌握的翻译技巧对案例给出翻译结果，教师予以评价打分，该成绩最终计入学生的总成绩。

（四）课后指导

在课后指导部分，学生也可以通过微信群和 QQ 群展开合作学习。某平台的商务英语翻译翻转课堂包括 15 个单元的内容，每章的主要内容都以基本商业行为为主线，从企业的开始创建到经验管理，可以系统地培养学生对各种商业情境的认知和理解，有效训练其从事相关商务活动的基本能力。翻转课程大纲中，如 Week 1：Business Environment and Entrepreneurship，其中一共包含几个小单元，即 1.1 Introduction to Business Environment；1.2 Internal Environment；1.3 External Environment 等。学生掌握课件内容后，再根据该单元内的 Unit 1"Business Environment"词汇表和 Unit 2"Entrepreneurship"词汇表进行学习，掌握与本节课教学内容相关的词汇。完成后，教师要求学生进行第一周课程在线测试，根据平台中给出的测试题作答，教师根据成绩结果进行课堂总结与课程评价。

"互联网+"时代背景下，以大数据和云计算为主的信息技术在商务英语翻译教学中逐渐普及。教师需要创新传统的商务英语翻译教学模式，通过翻转课堂为学生拓宽学习渠道，引导学生充分利用业余时间开展学习，提高学习成绩。

第五章 商务英语翻译教学模式的
创新研究

第一节 基于语料库的商务英语
翻译教学模式

全球经济一体化的推进，不但使商务从业人员需要具备更高的专业能力，而且对商务英语的专业教学发展起到了很大的促进作用。在商务英语教学中，如何才能使学生的商务英语翻译能力得到高效的提升，已成为商务英语翻译教学过程中的重要问题。鉴于此，本节对基于语料库的商务英语翻译教学模式进行深入研究，以期提高商务英语的教学效果，使商务翻译实践教学得到更好的发展。

近年来，我国与其他国家的交流日益密切，国际商务活动的开展变得越来越频繁，因此我国对复合型人才的需求也变得越来越强烈，这也使商务英语在高校中成为独立的专业。现阶段，很多高校都已开设了商务英语专业，不过因开设时间较短，在商务英语教学中还有许多问题亟须解决，如人才培养模式规范性不强、评价体系不完善等。这些问题的存在都加剧了高校对学生商务实战能力培养的紧迫性。就目前来看，高校在进行商务英语翻译教学时，大多数都是以模拟语料为依托，但这无法对商务翻译活动所具有的复杂性进行全面展现，其教学效果也会大打折扣。为此，通过深入研究语料库，并将语料库应用于商务英语翻译教学之中，能够使商务英语翻译教学现状得到明显改善，进而在语料资源的有力支撑下，使商务英语翻译教学有效培养学生的商务翻译实践能力。

一、语料库在商务英语翻译教学中的应用优势

首先，语料库能够对商务英语在翻译实践过程中的实际情况进行真实揭示。在商务谈判中，谈判双方能否从中获得更高的利益，取决于谈判结果。如果将商务谈判看作一个短兵相接的战场，谈判双方就相当于博弈的对手。如果在商务谈判过程中能够进行准确的翻译，则更有利于准确把握对方意图及目的。商务谈判过程中选择合适的话语也是非常重要的，这对谈判结果有着直接的影响。近年来，很多学者与专家都对谈判展开了深入的研究，并得出在商务英语翻译教学中如果将模拟语料与人工语料作为依托，则会产生许多弊端的结论，进而导致商务英语翻译实践效果受到很大的影响。之所以会得出这样的结论，在于研究者是通过主观推测的方式形成模拟语料与人工语料，而这并不能与实际情况有效地契合。为此，本节在商务英语翻译中将真实语料作为依托，以确保商务翻译活动能够真实揭示其面貌，使商务翻译教学在选择语料库时能够以此作为参考和借鉴。

其次，语料库能够使商务翻译教学的材料变得更加丰富。目前，各个高校在进行商务翻译教学时，仍旧是以人工语料和模拟语料为主，这导致语料难以具有较强的说服力，更无法与商务翻译进行紧密连接，从而影响了教学效果。为了使这一问题得到解决，就必须将真实生动的材料作为商务英语翻译教学的依托，只有这样才能使商务英语翻译教学效果得到有效改善，进而提高教学效果。

再次，语料库能够使商务英语教学与其翻译实践进行紧密的结合，进而使教学效果显著提高。在商务活动中，各方都有着自己的经济利益考虑，这使学者在研究商务活动时，常常以自身经验为基础，导致教学材料单一、陈旧，难以反映商务翻译活动的真实情况，从而造成商务英语教学脱离实践。因此，必须确保商务英语翻译教学的内容与实践进行紧密衔接，使教学质量得到根本性的提高。

最后，语料库对商务英语翻译人才的培养起到积极作用。商务其实是人们对财富进行创造而产生的一种方式，并且和经济利益有着密切的联系，国家之间的商务谈判更是如此。我国自加入世界贸易组织（WTO）以来，国际影响力与日俱增，这也使我国和其他国家的贸易交流变得越来越密切，相应地对商务英语翻译人才的需求也越来越强烈。为此，通过对商务翻译教学模式进行改革，使商务英语翻译人才的综合素质得到显著提高，可使我国企业在国际性的商务谈判中获得谈判优势。

二、语料库在商务英语翻译教学模式中的应用

在商务英语专业中，为了使学生的话语实践能力得到综合培养，教师经常采取"读写一体化"这一新型的教学模式。该教学模式既能通过识别与建构体裁形式对学生读写能力进行全面展现，也能利用体裁功能对学生所具备的话语实践能力进行检验。对于商务英语翻译而言，要想将读写进行有效连接，使翻译实践教学效果得到有效的改善，就必须将商务英语翻译同时作为商务英语专业教学实践改革以及读写一体化教学模式中的重点。基于语料库的商务英语翻译教学模式，主要包括以下构建步骤。

第一，需要将语料库作为商务英语翻译教学的基础，对商务英语翻译教学模式中经常采用的语言形式进行总结。语料库是对语言材料进行存放的重要仓库，而这些语言材料都是商务英语在实际应用过程中真实存在的。将电子计算机作为载体，以此实现对商务英语语言基础知识的承载，并采取相应的加工手段，才能实现对真实语料的获取。

第二，采取统计分析方法来研究现有的商务英语教材，并将其与语料库的研究结果进行对比。在此过程中，需要对国内现有的商务英语翻译教材进行采集与扫描，使其成为语料库，然后通过软件将制作的语料库和自建语料库实施比对，分析两者间的异同。

第三，对所制语料库和自建语料库进行对比，找出改进之处重新编写，使其成为教学材料、实战练习素材和教学大纲。纠正现有教材和商务英语翻译实践中的脱节之处，将找到的正确使用语境和语言现象添加到真实语料库中。对真实情况进行模拟后安排学生演练，根据学生的演练结果，采集、制作成实战录像，使学生能够通过观看录像了解自己在实践翻译过程中与从业人员存在的不同之处，进而使学生改正。

第四，在教学实践中应用编写的教学材料，采取问卷调查方式对师生开展调查，对研究结果进行检验与修正。项目组需要咨询专家后再对具体的调查问卷内容进行设计，并利用 SPSS 软件实施定量分析。通过对问卷结果进行检验，明确其教学效果，然后以师生的反馈对教学材料实施进一步改进，并撰写最终的研究报告。

三、基于语料库的商务英语翻译教学模式的应用前景

首先，基于语料库的商务英语翻译教学模式能够应用于商务英语翻译材料编写中。考虑到商务活动直接影响经济利益，一直以来，在商务英语的语料研究中，大部分是将模拟语料作为研究对象，这也使商务谈判中的真实情况难以反映出来。而真实语料能够对商务活动原貌进行真实展现，从而使研究结果具有更高的应用价值。

其次，对商务英语翻译话语进行创建，并将其与语料库进行对比。在此基础上，需要收集大量的语料，然后对封闭语料库进行构建，通过收集实际教学中的翻译语料，将其与语料库进行对比，能够更好地揭示学生在翻译实践过程中取得的学习成果，从而使学生具备更好的学习能力。

再次，基于语料库的商务英语翻译教学模式能够用于开发多媒体课件。通过对翻译人员的真实翻译场景进行录像，然后在课堂教学中进行应用，使商务英语教学内容得到更直观地展现，其教学活动也将不再枯燥、乏味，进而能充分调动学生的学习兴趣，使教学效果得到根本改善。

最后，基于语料库的商务英语翻译教学模式能够在编写教学大纲及人才培养方案中得到应用。国外许多国家都广泛采用真实语料进行教学，而且教学效果也非常理想。

第二节 基于顺应论的商务英语
翻译教学模式

本节内容介绍顺应论的基本内涵，探讨顺应论在商务英语翻译教学中的应用，分析其对商务英语翻译的启示。翻译人员应在翻译活动中对语境文化进行动态顺应，充分了解翻译对象所处的文化环境，尊重语言所产生的变异性、适应性特征，正确、科学地选择语言，尽量实现等值翻译，确保商务活动的正常进行。

在经济全球化背景下，国际商务活动的日益频繁和商务英语运用范围的扩大使商务英语翻译被提到了一个重要的位置。翻译活动主要是将源语言转换为目的语，属于一种复杂性的语言活动。该项活动在开展过程中主要涉及三个因素，即原作者、译者和读者。比利时著名的语用学家维索尔伦在《语用学诠释》一书中提出了顺应论，从语用的角度对日常存在的语言现象进行了研究。顺应论有较强的解释力，较高的实际应用价值，以及较广阔的发展前途。这主要是因为该理论选择了一个全新的诠释视角，对现今的语用学进行理解及解释。可以说，顺应论的提出为翻译界研究翻译活动和翻译理论提供了一个有效的理论框架及研究视角，在商务英语翻译中有很高的实际应用价值。

一、顺应论的来源及内容

1875 年，美国著名语言学家、翻译学家惠特尼（William Dwight Whitney）在著作《语言的生命与发展》中，详细地分析了语言的进化和衰退过程。而在 1921 年，美国人类语言学家爱德华·萨丕尔（Edward Sapir）也提出了，语言是具有其特殊生命力的。维索尔伦的顺应论建立在前人的基础上，其中语境关系、客体结构、动态顺应以及顺应过程意识性是顺应论的主要研究部分。

（一）语境关系的顺应

顺应交际语境使用语言称为语境关系顺应，其中能够对语言选择造成影响的因素包括物理、社交以及心理世界。语境本身是动态发展变化的，能够随着交际双方交际活动的展开而不断调整与变化。

（二）结构客体的顺应

结构客体顺应主要包含三个方面。第一，选择语言、语码和语体。首先，交际双方都需要按照自身的需求和习惯确定最为适当的语言，语言的选择应当根据交际所处环境以及自身的语言表达能力来确定；其次，要各自确定对应的语码、行业专用术语的变体以及地方性语言；最后，语体的确定应当结合场合的真实与否来确定。第二，需要构建话语成分，按照商务英语文本中采用的词汇、语言、语调、句子等，进行灵活的选择和调整。第三，选择语段，主要是指在保证译文连贯的前提下，根据语篇和语段进行合理的选择，所以要明确注意选择句子顺序以及信息主体的结构。

（三）动态顺应

交际双方是在动态顺应过程中使用语言的。商务英语文本的动态顺应过程会受时间因素的影响，并且商务英语交际双方所选择的语言会根据语言环境发生的变化而变化。这种语言环境变化主要体现在心理、社交等方面。

（四）顺应过程的意识性

交际者心理状态会因为认知因素和社会因素存在的诸多不同而表现出差异，造成交际者对不同言语行为的认知不同，即意识性不同。这种不同的意识性体现在交际者感知、表达、计划和记忆方面。另外，我们所处的社会环境对人们的各种行为做出规范，交际者在交际过程中会受到这种社会心理的影响，从而进一步影响到交际者的顺应过程。

二、顺应论对商务英语翻译的启示

（一）语言使用是一个动态顺应过程

1.顺应论在语言使用中的运用

语境是在动态的过程中形成的，可分为语言语境和交际语境。交际语境主要包含说话主体的心理世界、社交世界及外部的物理世界等；语言语境主要指文章的篇内衔接、篇际制约及线形序列。国际语用学会秘书长维索尔伦认为语言的使用过程就是对语言动态语境进行选择的过程，不管在选择时说话主体是有意识的还是无意识的，选择的原因是来源于内部还是外部，无论哪一种语言的使用都是不同程度下顺应意识主导的语言动态顺应的结果。

2.翻译是一种有意识的动态顺应

顺应论认为，语言在使用及选择过程中需要与相应的语境及语言结构相互顺应。翻译实际上是一个动态过程，即译者与原文、译文之间的互动过程。译者需要根据原文的时间、语境、语言结构及文化传统等对译文做出相应的调整，从而使译文顺应。

只有这样，才能产生较好的翻译效果。

（二）语言翻译需要结合多方面的因素

1.翻译活动具有复杂性

翻译活动属于复杂的、特殊的语言活动，涉及将源语言转换为目的语的语码转换。好的译文需在语言结构、语言的整体风格及文化内涵上都与原文高度契合，从而达到文章之间的动态对等。顺应论既为翻译研究提供了系统框架，也为翻译工作指明了具体方向。在翻译工作中，译者可以利用顺应论，从语言结构、动态顺应及语境关系等方面对原文的内容、风格和结构进行顺应。

2.翻译需要与文化相结合

在翻译过程中，外部社交环境具有较大的差异，是对翻译活动影响最大的因素。就社交环境来说，文化因素在其中占据主导地位。在顺应论下，文化因素主要是指文化语境。在商务英语翻译的过程中，经济文化方面开展的各项传播活动需要通过翻译达到交际目的，因此，翻译时文化的差异性对贸易的顺利进行将起到重要作用。为了达到交际的最终目的，在转换语言的过程中，语言内容与文化的界限会被淡化。译者在翻译时需要借助语言在文化维度上的变异性及商讨性，通过对目的语的接受与理解，尽可能地实现文化顺应。

三、顺应论在商务英语专业翻译教学中的应用

当前语境关系、客体结构、动态顺应以及顺应过程意识性都属于研究顺应论所涉及的方面。首先，在商务英语语境下体现为交际双方都会按照商务英语语境确定合适且各自能理解的语言。其次，选择不同的语码。在商务语境中应熟练掌握行业专用语，包括缩略词的释义。再次，根据商务场合选择正式的或者非正式的语体，商务语境选择句式应当按照语言层次来确定。例如，商务函电中通常选用十分正式的表达。如此便能够将语言使用者积极的语用策略从选择语言、转化语码和选用语体的过程中准确体现出来，进而构建话语成分。最后，要对语篇和语言连贯性进行充分考虑，在保证信息主体结构的前提下，确定最合适的句子顺序。因此，商务英语专业学生可以通过了解顺应论的客体结构顺应而获得适当的翻译实践策略。

（一）增补信息

中文属于意合的语言，具有高度简练的特点，通过结合上下文可以确定文中的逻辑关系，并借此了解说话者意图。英语属于形合的语言，为了降低歧义现象的出现，要尽量补充被省略掉的隐含信息，所以翻译无主句时经常需要增补信息。

没有主语的句子称为无主句。该类句子常在商务英语信函中出现，因此需要学生能够结合上下文内容确定真正的主语，并且将其补充到句子中，以确保句子完整。

例1：特此通知，我方于7月13日预定的相机到了，但是我们很不满意。

译文：We are writing to inform you that cameras we ordered on July 13 arrived in unsatisfactory condition.

分析：从英语语法角度分析，句子只有增加主语 we 后才能完整，应采取增加主语的方式完善此类无主句。

（二）凸显逻辑关系

汉语与英语之间存在着较大的差异。从句子结构的角度出发，汉语作为表意文字，是由使用汉语的人来决定的，而英语作为表音文字，具有严格的句法结构。汉语句子中往往存在大量的流水句，不同句子彼此相连，并且在多个句子之间可以隔断或相连。而英语句子在严格句法结构的限制下，极度重视显形接应，并且追求句子结构的完整性和逻辑关系，从而凸显出英语句子以形显意的特点。语言使用者将句子内部成分之间的逻辑关系以及句子之间的逻辑关系借助标记词体现出来，称为形合；对话双方背景知识相同，双方能够在不依靠明显逻辑关联词的前提下互相了解对方的意图，称为意合。对于意合句子而言，其形态标识语一般都不够明显。

（三）转化句式

汉语存在较多短句，英语存在较多长句；汉语谓语较多，英语修饰语较多；主动句在汉语中使用较为频繁，被动句在英语中使用较为频繁。以上都是汉语和英语的区别。因此，在结合顺应论的前提下，需要借助词性转化以及合理使用被动句的方式实现句式的转化。

1.转化词性

相比英语文本，汉语中谓语更多，译者在翻译商务信函的时候，如果句子中存在多个动词，则需要加强对主谓语数量的关注。

例 2：双方就运输方式交换了意见，没有提及交货时间。

译文：The two sides exchanged views on the choice of terms of transportation, but they made no mention of the time of delivery.

分析：例句中的"交换""提及"均为动词，在翻译时可以进行词性转换，其中翻译后的"提及"的词性由动词改为名词，使英语的表达方式能够顺应，译文更加通畅自然。

2.使用被动句

英语普遍使用被动语态以提高自身的正式程度，该情况在商务信函等正式文体中较为常见。而汉语中普遍使用主动句，由于汉语自身存在丰富的动词，所以汉语中常见被字句和把字句。相对英语与汉语之间的差异，只有对汉英语言的使用习惯进行充分了解，能够灵活切换被动和主动，才能更好地开展商务英语翻译工作。

例 3：2004 年，全世界范围内大约有两百万个机器人在使用。

译文：About two million robots were used all over the world in 2004.

分析：例句中，"机器人"与"在使用"之间的逻辑关系并没有表现出是被动关系，但是其本身存在被动意图，所以在进行英语翻译时，尽管其字面没有"被"字，也需要将其转换为被动句，顺应英语的表达习惯。

（四）跨文化意识的培养

商务英语翻译活动不仅要求掌握英语语言特点和相关商务专业知识，还应具备高度的跨文化意识，在翻译过程中做到文化信息的对等传递。例如，"以外贸为龙头"，译者在翻译时如果保留龙的意象，翻译出 with foreign trade as the dragon head，则西方人不知所云，因为龙在西方人眼中是恐怖的怪物。将这句话翻译为 foreign trade takes the leading place 便可契合西方人的理念，受到西方人们的欢迎。

除了文化意象在翻译时需注意跨文化意识之外，中西方在思维表达上也存在差异。商务英语交际中，英语需要直截了当地表明核心思想。相比之下，汉语则体现出复杂的曲线性思维。

例 4：因为双方都负有责任，如损失全部归我们负担是不公平的，我们只准备偿付 50%的损失。

译文：It shall not be fair if the loss be totally imposed on us as the liability rests with both parties. We are ready to pay 50% of the loss only.

分析：中方习惯先说"双方都负有责任"，把原因解释清楚，再表明态度"不公平"。翻译时要考虑到英汉思维方式的差异性，要直接优先表明态度"not fair"（不公平的），再解释原因，才符合西方的思维方式。

第三节　商务英语翻译教学的生态化模式

从生态化的视角分析商务英语翻译教学中存在的问题，并从教学目标、教学方法、教学内容等方面提出建设商务英语翻译生态化课堂的策略和方法。随着网络和多媒体技术的飞速发展，商务英语翻译教学取得了长足进步，各种各样的教学模式不断出现。但商务英语翻译教学研究多围绕商务文本的特点、商务翻译的技能、译者能力提高等方面展开，从生态教育的视角对商务英语翻译教学的模式化研究少之又少。实际上，教学效果的好坏与教育生态环境密切相关，因而以符合生态教育规律的生态学原理来探讨商务英语翻译教学的相关问题极其必要。

一、教育生态学

（一）生态的概念

"生态"是指在自然界的一定空间内，生物与环境构成的统一整体，在这个统一整体中，生物与环境间相互影响、相互制约，并在一定时期内处于相对稳定的动态平衡状态。目前，生态学的思想、原理和方法已逐渐延伸到社会科学的各个领域。近年来，生态学逐渐进入教育学的研究范围内，人们开始从生态学的角度关注教育和课堂教学，并逐渐衍生出教育生态学。

（二）教育生态学研究概述

教育生态学的研究起源于西方，由对人类行为的生态学研究发展而来。20 世纪 30 年代，"生态学"一词正式被引入教育研究中，其标志是 1932 年美国学者威拉德·沃勒（Willard W. Waller）在其著作《教育社会学》中首次提出了"课堂生态学"的概念。20 世纪 70 年代至 90 年代是国外教育生态学研究的兴旺发展期，许多学者从不同角度对教育生态学进行了深入研究。自 21 世纪初开始，我国内地的教育生态学研究呈兴旺高潮之势。这一阶段研究成果的数量不断增加，质量不断上升，研究范围更加宽泛，研究视角逐渐由宏观转向微观。一批教育理论研究者和科研工作者将生态主题融入具体的微观学科，深入细致地研究了教育本身和内外部生态环境间的关系。

近年来，研究者们开始关注外语学科教育的生态问题，开拓了外语研究的新领域。华东师范大学左焕琪教授在其专著《英语课堂教学的新发展》中，初步提及了外语课堂的生态教学环境问题；孙广平认为 2007 年版的《大学外语课程教学要求》为教学理念的生态化进一步进行了论证；薛金祥运用生态学的方法系统地分析了商务英语专业的人才培养新模式，拓宽了商务英语研究的范围。

商务英语翻译课程是商务英语专业的核心课程，与其他课程存在着明显的差别。首先，商务英语翻译课堂涉及双语文化，这构成了课堂的独特生态环境，学生应合理利用这种独特的生态环境。其次，商务英语课堂应以教师为主还是以学生为主仍存在争议，以教师为主的教学模式是指教师讲授翻译知识和技巧的教学模式，以学生为主的教学模式是指课堂以学生练习为主，教师教授为辅的教学模式。最后，商务英语翻译课堂应该以汉语为主还是以英语为主，课堂各要素间如何互相作用也存在争议。本节从以上几个问题出发，运用教育生态学理论系统地构建商务英语翻译的教学模式。

教学目标是课程设置中最重要的一环，在教学方法、教学环境、师生角色、教学评价等方面都起着决定性的作用。各高校的商务英语专业都开设商务英语翻译课程，而该课程的教学目标却不尽相同。某些高校将教学目标制定为提高学生的跨文化交际能力，而有些高校的目标则是通过翻译练习提高学生的英语语言水平。造成教学目标混乱的主要原因是商务英语翻译教学缺乏整体安排、缺乏商务英语翻译方面的教学大纲。因此，教师在教学的各阶段只能凭借个人在学习和教学中的经验制定教学目标，这就不可避免地出现知识点重复、杂乱无章的问题，不仅浪费了时间，还降低了学生学习的主动性。

商务英语翻译课程教学内容的陈旧主要体现在所用教材的内容与时代脱节。由于出版时间较早，商务英语翻译课程所用的教材内容有些已经过时。随着时代的发展变迁，商务文本的语言特点和篇章特点都已经发生了变化，但由于教材没有及时更新，导致学生的课堂所学与翻译实践不一致。除此之外，教材的质量也良莠不齐，有些教材由于准备时间短，东拼西凑，内容无法形成体系，给学生的学习造成了负面影响。

目前商务英语翻译课堂仍然采用传统的讲解方法。教师通过练习和讲解，帮助学生理解翻译文本特点、翻译理论知识和具体翻译技巧。虽然讲解法在知识内化的过程中发挥了不可忽视的作用，但同时给教学带来了很多问题。首先，课堂气氛沉闷，学生积极性不高。讲解教学法的中心仍然是教师，教师教、学生学，学生的自主性不强，因而无法调动学生的积极性。其次，教师过分偏重技巧的讲解，并没有帮助学生调整思维，适应翻译中的转换过程，翻译的实质就是语言间的转换。最后，语言间的转换不仅需要语言知识作为基础，还需要思维方式的转变。在以教师为中心的课堂上，很少涉及思维的转换，从而导致学生无法将课堂所学应用到翻译实践中。

二、构建生态化商务英语翻译课堂的策略

（一）制定生态化的教学大纲

生态化的教学大纲注重将商务专业知识与翻译理论技巧有机结合，提倡建立生态化的教学环境，根据学生的具体需求合理安排学习目标；生态化的教学大纲明确教学目标，使教师清楚地了解教学内容、教学过程和教学方法等；生态化的教学大纲鼓励教师根据学生不同学习阶段的不同要求，从不同方面讲授翻译的技巧和知识，将语言知识、文体知识、商务专业知识巧妙地融入翻译理论和技巧的讲解过程，以体现商务英语翻译课程的综合性、系统性和科学性特点。只有宏观上把握课程的目标和设置，才可能从微观上对课程内容进行深入地研究和探讨。

（二）选择新版的权威教材

教材内容无法与时俱进是造成商务英语翻译课程教学内容与翻译实践脱节的重要原因。因此，教师在选择教材时应尽量选取出版日期较新或者再版的教材，这样可以保证教材内容的正确性，突出商务英语翻译课程的实用性特点。此外，教师在选择

教材时还应选择有权威性的教材。目前，商务英语教材种类繁多，但很多教材是在短时间内东拼西凑而成的，不仅在内容上无法保证系统性，而且质量也良莠不齐。教师应当选择著名出版社或者专业出版社出版的新近教材以保证教学内容的实时性、系统性和准确性。

（三）教学方法要多元化

教师在教学中可以利用多媒体等工具辅助教学，即利用音频和视频文件向学生展示工作中可能碰到的翻译实例。通过大量的翻译练习，使学生对翻译实践有更清晰的认识，不断提高他们的翻译创造能力。此外，翻译创造能力还可以通过摘译、重写、改编等途径来提高。翻译自主学习平台的建设是实现翻译教学手段多样化的重要条件之一。翻译学习自主平台是一个大型的翻译练习数据库，通过上传各种不同的翻译文本，在锻炼学生翻译技能的同时帮助学生获得检索资料的能力，鼓励学生多涉猎专业以外的知识，这对加强其翻译能力大有裨益。例如，教师可以鼓励学生选修会计专业的会计学原理或经济学院的西方经济原理等课程，通过此种方法既能扩大学生的知识面，又能培养他们的翻译创造能力。

（四）加强师资队伍建设

全方位地提升师资质量，更好地进行商务英语翻译教学。根据商务英语翻译课程专业性高、实用性强的特点，师资队伍建设可以从以下几方面入手：① 鼓励英语教师学习商务专业知识，定期召开教研会议；② 鼓励商务专业教师学习英语，加强教师队伍的专业性和水平；③ 教师自行制定培训计划，通过网络课程、参加会议等方式完善知识结构，提高教学水平，以胜任商务英语翻译教师的岗位。

商务英语翻译课程的教学目标是培养符合市场需要的实用型翻译人才，目前，商务英语翻译课程存在问题较多，需要各专家、学者以及一线教师不断研究和讨论。但无论是教学内容还是教学方法，都必须围绕培养符合市场需要的人才这一目标展开。

第四节　商务英语专业翻译课程

教学模式的改进策略

本节通过梳理普通高校商务英语专业翻译课程教学模式现状，指出其教学模式存在的问题，有针对性地从教学模式、师资、教材等方面提出改进策略。

商务英语翻译课程是商务英语专业课程的重要内容，许多高校都开设了商务英语专业翻译课程，通过对学生科学、系统的教学和训练，帮助学生掌握常见商务文本的翻译，如企业文书、广告宣传、说明书、交易合同等；帮助学生掌握账务口译技巧，使其熟练地从事外贸接洽、会展及产品介绍等口译工作。但是，目前许多高校商务英语专业翻译课程教学存在问题，如课程定位与目标不明确、缺乏专业翻译教材、课程设置不合理、教学方法不合理等，影响英语翻译的教学水平和效率，亟待采取有效的措施改革商务英语专业翻译课程教学。因此，对高校商务英语专业翻译课程教学模式现状和途径进行研究具有非常重要的现实意义。

一、普通高校商务英语专业翻译课程教学模式的现状分析

目前，我国众多普通高校商务英语专业翻译课程教学依然采用传统的教学模式，教学目标的针对性不强，导致教学过程中存在以下问题。

（一）课程定位与目标不明确

许多人错误地将翻译教学等同于培养翻译家。虽然也有可能通过课堂教学培育出翻译家，但是应该明确商务英语专业翻译课程教学的目的是让学生了解、认识翻译的理论和掌握相应的技能，为以后的发展奠定坚实的基础。许多教师因缺乏科学、可行的纲领性教学执行文件，课程教学定位和目标都不明确，导致教学存在较强的盲目性。

（二）缺乏专业的英语翻译教材

由于缺乏专业的英语翻译教材，许多高校采用的翻译教材良莠不齐，许多内容既不适应高校翻译专业学生的专业水平，更不能满足当今社会的需求。许多高校商务英语专业翻译教材的内容是东拼西凑的，内容和时代严重脱节，没有遵循商务英语翻译与实务相结合的原则，导致学生学习目标不明确，影响学习效率。

（三）课程设置不合理

许多高校在不同的学期开设不同的翻译课程，教学课时的分配也存在很大的差异，有的每周设置四个课时，有的每周仅设置两个课时。出现这种现象的原因是没有考虑课程的逻辑关系，也没有认真计算翻译课程理论知识、技能培训所需要的时间，致使课程教学计划混乱，不利于学生的学习，影响教学效率。

（四）教学方法不合理

许多高校的商务英语专业翻译课程教学依然采用传统、单一的教学方式，没有将现代教学方法、设备应用在翻译教学中，导致教学课堂气氛沉闷。许多教师依然采用传统的教学方法和工具，学生需要在语言结构和语法学习方面花费较多的时间，因此留给学生进行翻译训练的时间相对较少。教师在规定的教学时间内并不能完成教学任务，学期结束也不能实现整体的教学目标，难以提高学生的英语翻译水平。

二、提高普通高校商务英语专业翻译课程教学效率的有效途径

（一）改善师资

教师的素质水平是高校商务英语专业翻译课程教学水平的关键，若要改善师资需要从以下几个方面来进行：① 鼓励英语教师进修商务方向的第二专业，以此提高教师的英语水平和商务知识水平；② 聘请具有外贸背景商务实践经验及具有英语专业背景的兼职教师；③ 实施校企联合，即高校和外贸企业合作，由外贸企业具有丰富外贸经验、丰富商务理论知识及扎实英语功底的工作人员兼任教师。

（二）教材改革

商务英语专业翻译教材的难度不适合学生，内容与时代脱轨，是影响教学水平的重要因素。教材改革的目的是在有限的时间内让学生学到职业岗位所需的英语知识与翻译技巧。因此，教师在选择教学内容时，应该以商务英语翻译项目为教学内容，如广告翻译、商务名片翻译和商标翻译等，以此提高教学内容的实用性和针对性，并将翻译理论、翻译技巧等渗透在翻译实践中。教学内容改革的重心在于提高学生商务文本的翻译能力，在商务场景、日常训练过程中，熟练掌握常用的翻译技能；在国际商务活动中，提高商务英语翻译专业学生的实际英语翻译能力；同时可以把学生社会调研、教师社会实践、翻译社及历届优秀毕业生引入实际教学中。这样不仅能提高学生的学习积极性和主动性，还能提高学生的翻译实践能力。

（三）采取多样化的教学模式

"教无定法"，教师在进行商务英语专业翻译课程教学时，应该采用多样化的教学模式，具体包括以下几个方面。

（1）推广使用"项目导向教学模式"。全球化背景下的语言与商务文化学习已经成为世界潮流，培养善于沟通异质文化的商务翻译人才正成为国际贸易发展中至关重要的竞争战略。"项目导向教学模式"是国内商务英语专业常用的教学模式之一，体现了当今高校外语职业化专业教育的最新理念。它打破了课程内容界限，把课程教学内容分割为与专业密切联系的企业项目与任务，并将课堂与实训室一体化，根据项目去组织实施教学与考核，实现课程项目化、学习自主化、教学互动化、技能训练专业化，最终在教学实践中探索出培养高技能人才的规律。该模式很好地体现了职业教育人才培养目标，将学生的职业能力和课程教学直接挂钩，受到了国内外专家的一致推崇。"项目导向教学模式"的应用，对于社会健康发展、个人全面发展、高等教育改革与发展、社会经济发展具有重要意义。

（2）推广使用"课、赛、证"三位一体教学模式。"课赛融合"是现代高校商务英语翻译教学改革的必然趋势之一，学校应定期举办英语竞赛，让所有的学生都参与其中，让学生将课堂上所学的知识应用于实际生活。这样既能激发学生的学习兴趣和主动性，还能让学生学以致用，如"英语公示语大赛"和商务英语翻译课程的融合。"课证融合"是指根据职业考证的需求进行课程设置和教学，教学内容必须和考证内容保持一致，在课程教学中增设与职业证书考试相关的内容。例如，为想取得人事部翻译证书、教育部翻译证书、口译证书、外事联络陪同口译水平认证证书的学生开设相关培训课程，这种具有针对性的教学课程既能提高学生的翻译水平，又能让学生获得相关证书，可为学生以后的从业提供便利条件。

（3）案例教学模式。案例教学模式源于工商管理专业，由于当时缺乏教材，一些教师深入企业，采访企业管理层，并将它们的商务活动案例记录下来，整理之后制作成教学材料。如果该教学模式应用于高校商务英语专业翻译课程的教学中，则需要"双师型"教师，即需要同时具有商务实践经验和英语专业知识的教师。让教师根据教学大纲及市场需求进行分析、讨论和总结，进而编写报告并制定教学案例。通过案例演示让学生在实践的过程中练习语言技能和翻译技能。案例教学模式是一种理论联系实际的教学方式，其难点在于许多高校缺乏"双师型"教师，现代高校应该聘请在外贸企业或者国企中从事多年商务活动的人员到学校兼职任课或者开设讲座。

（四）多媒体课件的应用

高校商务英语专业翻译课程教学的目的在于培养既具有翻译理论知识，又具有实践技巧的复合型翻译人才。在商务英语翻译课程教学过程中，引入多媒体课件，让教师借助多媒体设备实施更生动、有效的教学。

多媒体教学设备利用丰富、有趣的教学信息，在短时间内将尽可能多的知识和技巧传授给学生，这样既能提高学生的学习兴趣和积极性，吸引学生更加主动地参与到英语翻译教学中，还能显著提高教学效率。同时，多媒体设备能够创设具体的教学情境，如创建商务应用场景，学生通过扮演商务活动中的角色，不仅可以在实践的过程中更好地理解和掌握教学内容，还可以在体验的过程中享受课堂教学的乐趣，显著强化教学效果。

第五节　词块教学理论下商务英语
笔译课程的教学模式

　　商务英语具有鲜明的行业特点和独特的语体风格，并且含有大量的专业术语、缩略语和程式化句式。《国家中长期教育改革和发展规划纲要（2010—2020 年）》指出："培养大批具有国际视野、通晓国际规则、能够参与国际事务和国际竞争的国际化人才"。在经济全球化的今天，国际商务交流活动日益频繁，社会对既精通专业知识又能掌握一门外语的复合型、应用型的高素质外语人才的需求也不断增大，培养具有良好语言能力和跨文化交际能力、适应社会需求的外语人才已成为高校外语教学的主要目标。

　　综观高校商务英语专业学生的英语笔译能力现状，汉译英中较突出的问题是学生掌握的英语商务词汇量较少，语言表达中受母语干扰大，在表达时"中国式英语"居多，容易产生译文不符合英语表达习惯、意义不连贯等问题；而英译汉中较突出的问题是学生不了解商务词汇和商务文体结构，语言表达的准确性和流利性有待提高。外语专业学生毕业后从事的商务翻译工作包括商务信函、法律文书、协议和合同等公文文体的翻译。商务英语翻译不同于基础翻译，商务文体含有大量的专业术语和程式化套语。本节基于英国语言学家迈克尔·刘易斯（Michael Lewis）的词块教学理论，将词块融入商务英语笔译课程中，探讨词块教学法在商务英语笔译课程中的教学模式、优势及其应用的可行性。

一、词块教学的理论依据

　　刘易斯认为，语言并非由传统的语法和词汇组成，而是由多个预制词块组成，这些词块分布在一个具有生成力的连续体上，形成人们理解语言模式的原始数据，语言习得的一个重要部分就是在于理解和产出这些不可分析的整体词块。刘易斯还认为，大量的语言是由词块构成的，词块是事先预制好且被频繁使用的多个词的组合，这种组合有其特定的结构和相对稳定的意思。

南京师范大学教授马广惠将词块定义为：由多词组成，可以独立用于构成句子或者话语，是实现一定语法、语篇或语用功能的最小的形式和意义的结合体。简言之，词块大于词、小于句子，是具有完整的意义或明确的功能的语言单位。并且词块是连续的，可以独立运用的。

词汇作为语言的三大要素之一，是人类表达思想、传递感情的载体。刘易斯认为，学习词汇是语言习得的中心任务，每一项能力的学习和提高都离不开词汇。他提出，词（lexis）可以包括四大类：单词和短语（words and phrases）、高频搭配（frequent collocations）、惯用话语（institutionalized utterances）、句子框架和引用（sentence frames and quotations）。词块具有的稳定性、扩容性和互选性，融合了语法、语义和语境的优势，能把知识和应用有机结合起来，进而激活真实场景，对提高学生语言表达的地道性和熟练程度大有帮助。

二、商务英语笔译课程的教学特点

商务英语是国际商务领域和活动中使用的英语，包括语言知识、交际能力、专业知识、管理技能和文化意识。江西财经大学教授邹美兰认为，商务英语的三个组成要素分别是商务背景知识（background knowledge of business）、商务背景中使用的语言（language in business settings）和商务交际技能（business communication skills）。商务英语既涵盖了商务理论类课程的知识体系，如报关实务、国际货运代理、国际结算、国际贸易实务、国际商法、商务洽谈、外贸单证和经济学等；又体现了语言基础类课程的应用价值，如大学英语、经贸英语、商务英语、实用英语写作、英语阅读和英语视听等。商务英语笔译课程旨在使学生养成和具备专业商务翻译人员优秀的职业素养与扎实的职业技能。

商务英语笔译课程是商务英语专业学生的主干课和必修课，课程的主要内容涉及商标商号、名片、广告、说明书、公关文稿、企业简介、商务信函、商务报告等的翻译。因此，该课程有其鲜明的专业特点，书面用语高度专业化。具体表现在大量约定俗成的专业术语、缩略语以及商务文体中的程式化句式，特别是在商务活动中出现的建立贸易关系、询盘、还盘、包装、装运、保险、索赔等环节以及商务信函等。商务英语笔译课程中具有相对固定的结构并且能够表达一定的商务意义的商务词汇，可称其为"商务英语词块"。商务英语笔译课程教学中，词块教学是使商务英语中公式化的词块进入以记忆为基础的表征体系的最佳途径。运用词块教学理论，可以将公式化的"商务英语词块"运用于商务英语笔译课程的教学。由于词块本身具有稳定性、扩容性和互选性的特点，对学生理解语言材料，有效构建语篇材料，提高语言流畅性、句子连贯性和语义完整性有很大的促进作用。

三、词块教学运用于商务英语笔译课程的优点

（一）提高翻译的专业性和准确性

商务英语书面用语高度专业化，在商务活动的各环节以及协议、合同和单据等中存在大量的专业术语、缩略语。商务英语笔译课程中，词块可体现出形式上的整体性和语义上的约定性，所以可将词块作为词汇的最小单位进行教学和学习。词块所具有的结构稳定性使其能够以模式化的结构和整体形式被记忆储存，在需要时能够被即时整体提取。学生经过一段时间的学习、积累和分类记忆商务英语词块，在翻译时就能绕过语法直接地迅速在记忆中检索并提取相应的词块，避免出现错误和不恰当的搭配，提高翻译的流利程度和得体程度。因此，商务词块积累的多少会直接影响译者对材料的理解及翻译。

（二）增强译者语感和语义表达的得体性

除了专业术语和缩略语，商务英语中特别是商务信函中会使用固定的句式，如 In view of these facts（鉴于这些事实），As requested we are sending…（按你方要求现奉上……）等。英语商务信函具有语气委婉礼貌、用词简洁准确、行文严谨得体等特点。但受母语负迁移的影响，学生的译文常常不符合商务文本规范，语言表达不得体，出现"中式英语"的现象。词块作为预存在学生头脑中的语言知识，在语言输入和输出加工的过程中可以直接应用，词块中的固定句子框架能帮助译者完成商务文本中相应句子的建构或篇章的建构，使译者在熟悉相应商务文体的固定句型的基础上，语句表达礼貌、得体。通过词块中固定句式的积累，译者的语感会逐渐增强，翻

译时语义表达也会更为得体，大大地提高了商务文体的契合性。因此，掌握词块库中的固定句式对于句子翻译、篇章翻译都大有帮助。

（三）建立并保持学生的信心和学习热情

学生在学习商务英语笔译课程时，常出现畏难情绪。在教学中，教师通过短时间的词块竞赛、游戏活动、词块听写、词块中英匹配、短句翻译等活动，能够帮助学生建立信心，使学生在学习活动中获得成就感，以激发他们学习词块和完成翻译任务的热情。随着词块记忆和转化能力的逐渐加强，学生在翻译过程中能够克服母语负迁移，对部分需要翻译的内容可以在自身的记忆词块库中直接调取使用，减少了部分语言转化和加工的负担，学生的学习压力和焦虑感也随之降低，更有利于课堂教学活动的开展。

四、词块教学运用于商务英语笔译课程的有效策略

在商务英语笔译课程的教学中，商务词汇量大而且某些词块的重现率高。因此将词块教学作为商务英语笔译教学的突破口，不仅能为学生进入深层次的学习打下良好的基础，还能提高商务文本翻译的准确性和地道性。

（一）增强词块意识，形成词块记忆和学习习惯

在学生首次接触商务英语笔译课程时，教师要有意识、有目的地帮助学生建立词块意识，提高学生对词块学习重要性的认识，引导学生在学习中积累商务类型的词块。通过对同一词块普通词汇意义和商务词汇意义的比较，激发学生学习商务词块的兴趣，如 general average 应译为"共同海损"而非"总平均数"；article number 应译为"货号"而非"文章号码"；sight draft 应译为"即期汇票"而非"视线稿件"；down payment 应译为"预定金"而非"付款"等。

学生通过比对同一词块的字面意义和商务意义，能较快地形成词块意识，自觉积累商务英语词块。教师还应提供商务词汇学习工具书、商务英语词汇学习网站、商务英语词汇记忆（游戏）软件等。此外，教师还可在每次上课时先提供给学生十个商务词块的中英对照，要求学生在 3～5 分钟记忆，然后进行听写或中英文词块的匹配练

习，帮助学生在短时间内强化记忆商务词汇。经过一个学期的积累，学生能掌握近 200 个商务词块。学生通过这种有挑战性的活动，养成定期记忆和积累词块的习惯，进一步增强语感，为以后从事商务句子翻译和篇章翻译打下良好的基础。

（二）进行商务词块分类，建立动态商务词块库

商务英语涉及的范围很广，在长期的商务活动中形成的固定词块很多，因此对商务词块进行分类并建立动态项目词块库是指导学生进行有效记忆和提高翻译能力的有效方法。教师可根据商务活动的环节，将词块按建立贸易关系、询盘、还盘、包装、装运、保险、索赔等进行分类，然后在网络交互平台、BBS 论坛或博客中建立"商务词块库"。教师可在词块库中给每类词块只提供 15 个最常用的词块，再把全班学生按小组分配，每周每小组负责词块库中某一类词块的添加。学生可以小组形式添加通过参考书、网络或根据学习中积累的词块，之后每周每小组轮流到词块库添加另一类词汇。各小组添加的词块都上传到网上的共享空间中，教师每周会到词块库中检查和更正，把各小组对词块库的积累作为期末评定成绩的项目。鼓励和激励学生丰富词块库和积累词块，一方面可以让学生在活动中通过小组讨论进行词块的积累和学习，另一方面可以使商务库随着词块的不断添加形成动态的词块库，让学生更有成就感和满足感，实现资源的共享，更好地促进学生对商务词块的学习。

（三）成立"翻译作坊"，强化词块训练

词块教学能从一定程度上辅助商务英语笔译课程的教学，教师在教学中可以尝试成立"翻译作坊"。所谓翻译作坊（translation workshop），是类似于商业性的翻译中心，几名译者聚集在一起进行翻译活动。在翻译过程中，译者们相互交流，通过合作来解决翻译中的实际问题。根据不同院校的教学条件，"翻译作坊"可以分为网络环境模式和非网络环境模式。网络环境下的"翻译作坊"是在多媒体教室中组成不同的"翻译作坊"，学生之间可以进行在线交流和讨论，教师可以通过主机讲课，发放相关翻译理论资料或下达翻译任务，提供网址、电子书等参考资源等方式，指导学生进行深入探究和学习，引导学生进行实质性讨论，并在网上布置、收发、批改学生作业。网络环境下，"翻译作坊"能充分发挥网络的扩展性和时效性的优势，使学生的翻译学习更便捷、更深入。非网络环境模式是指在普通教室中，学生分为不同的"翻译作坊"，教师与学生、学生与学生之间面对面地进行交流的学习方式。

教师在教学中可适当参与到各"翻译作坊"的分析与讨论中，请各"翻译作坊"的代表发言，评论各作坊译文的优劣。教师可分别对发言做出相应评价，分析各作坊翻译的优缺点。特别是商务词块的翻译，教师可以通过词块替换、词块翻译、词块听写、词块游戏等练习帮助学生进一步强化商务英语词块的学习。"翻译作坊"这种实践性、参与性、协作性较强的教学模式，既能强化师生之间、学生与学生之间的互动，激发学生的学习兴趣和竞争意识，发挥团队协作精神，提高语言输出的准确性和流利度，也有助于译者提高语篇理解能力和语篇组织速度，增强学生语言输出的条理性与清晰性。

商务英语笔译课程旨在让学生养成和具备专业商务翻译人员优秀的职业素养与扎实的职业技能，将词块理论融入商务英语笔译课程的教学中，可帮助学生建立和保持学习信心，为进一步深入学习打下良好的基础。词块学习能提高学生的语言输出能力，对语言表达大有裨益。

第六节　就业导向下的商务英语
翻译人才的培养模式

商务英语翻译工作是一项专业性较强的工作，从业人员需具备较高的专业技能及综合素质，它是商务、经济、学术讨论等活动有效开展的重要媒介。全球化经济的到来，使市场上对专业的商务英语翻译人才需求量急增。本节阐述了商务英语翻译人才的市场需求情况，及就业导向下的商务英语翻译人才培养模式存在的问题，并提出高校在开展教学工作时应改变教学思维模式，丰富教学资源，更新教学理念，完善商务英语课程体系，提高学校的教学质量。

商务英语翻译是高校商务英语专业的主要学习课程，目的是培养学生在商务活动中能实时、准确地进行英汉互译，向客户正确传达信息，促进交流工作的有效完成。具备这样的工作能力，也是目前市场对商务翻译人才的需求标准。但目前的实际情况并不乐观，尽管商务英语翻译人才紧缺，但相关专业的毕业生仍无法顺利就业。出现这一尴尬局面的原因是受传统商务翻译人才培养模式的影响，导致高校无法有效完成教学目标。

一、商务英语翻译人才的市场需求

目前，中国经济迅猛发展，大量外企进入我国境内进行投资，中国企业与外企合作也越来越深入。中国文化、学术等各领域都频繁与各国进行交流，英语作为世界上应用最广泛的语言交流工具，在商务等活动中，各国人员通常都会使用英语进行交流。而与英语专业紧密相连的行业有外贸、海关、旅游等，都需频繁地进行涉外工作。因此也出现新的问题：各行业频繁的涉外工作导致商务翻译人才需求量上涨，具有较高专业素质的翻译人才在市场上尤为短缺。根据市场需求反馈，我国商务英语翻译人才的需求，特别是具有扎实翻译功底及同传商务翻译人才的需求非常大。虽然我国高校已针对社会的发展趋势开设了相应的商务英语专业，但仍无法满足时下市场对商务英语翻译人才的需求。

二、就业导向下商务英语翻译人才培养模式存在的问题

（一）教学内容较陈旧

当前我国各高校商务英语教学使用的教材有所不同，但大多使用的是《大学商务英语翻译教程》和《商务英语翻译》。这些教材对商务和经贸、金融专业的学生较实用，但对于想专门从事商务英语翻译工作的学生缺乏针对性和专业性。教材中的内容与当下实际生活所需的专业内容并不十分匹配，无法达到市场对商务翻译人才的需求标准。基于这样的教材，教师无法有效、合理地开展教学，学生在学习过程中也会感到无法有效提高学习质量，导致学生学习的积极性下降。教材是开展教学活动的基础，如果教材的内容无法吸引学生，且不具备一定的专业性，会在很大程度上影响学校的教学质量与教学效率，那么培养较强的专业商务英语翻译人才也就无从谈起。因此，高校如果想改善这一教学困境，当务之急是对教材进行重新编写。

（二）教学课程安排过于片面

我国的教育领域长期受传统教学模式的影响，导致教师在课堂教学工作中往往只重视理论知识的灌输，而严重忽略实践教学的重要性。商务英语翻译工作不仅需要一定的英语技能，还需要更多的专业知识，才能使学生成为合格的商务英语翻译人才。在目前高校的教学活动中，课程安排过于片面，也不具备专业特色。即便是在理论教学中，教师也是更注重英语专业方面的教学，只向学生传授英语词汇、语法等方面的基础知识。学生在学习过程中实训机会较少，缺乏一定的语言锻炼机会，无法将理论知识应用到实践。学校在商务英语课程设置上多是以商务知识、英语知识为主，翻译技能教育课程较少。这样的课程安排缺乏一定的科学性与专业性，无法提高学生的专业技能与职业素养。单就学生学习相关英语方面的课程安排而言，因教师在教学过程中过于重视理论课程，从而使学生无法熟练地用英语进行沟通。这也正是我国每年高校有大批商务英语翻译专业的学生毕业，但市场上仍大量缺少翻译人才的主要原因。

三、就业导向下的商务英语翻译人才培养模式改进策略

（一）改变教学思维模式，丰富教学资源

想提高学生的专业技能，选择合适的教学内容十分必要。目前，很多高校在开展英语翻译教学工作的过程中仍使用国家统一制订的单一教材开展教学。因教材受各种因素的影响与制约，导致课本内容无法进行实时更新，造成教材理论知识与实际生活相脱节。商务英语翻译工作是实效性很强的工作，它需要翻译人才以最新的思维及术语进行实时翻译。因此，高校在开展英语翻译教学时应及时调整教学资源的内容。课堂教学过程中，教师应选择新颖、职业性强、编排合理、与实际生活紧密相连的内容。

当前高校的大多数商务英语教材都是以经贸类英文原文为主，附加英语词汇、语法、句型等方面的训练。教材中的文章来源具有重复性，缺乏一定的专业特点与就业针对性。在就业导向下，高校应注重教材选文的系统性、专业性、时效性，并结合市场对商务翻译人才的需求标准及学生特点制定校本教材。高校在制定校本教材时，应保证所选的教学内容具有人才所需的、专业性强的知识，切实提高学生的专业技能及

职业素养，使学生能在实际工作中充分发挥自己的翻译才能。在制定教学内容过程中，高校应注意提升、改善教材内容的规范性、实用性等，以此来满足市场对商务英语人才的特殊需求。互联网技术环境下，教师应顺应时代的发展，改变固有的教学思维，借助互联网中的海量信息获取合适的教学内容，丰富学校的教学资源。教师利用更合理、更专业的教学内容开展英语教学，对提高学生商务英语翻译技能也有很大的促进作用。

（二）更新教学理念，完善商务英语课程体系

现代商务活动涉及的行业、专业较多，具有一定的多样性和复杂性，这对商务英语翻译人才的专业技能及职业素养提出更高的要求。如果想未来能更好地胜任商务翻译工作，学生在职业教育中需完成语言技能、商务知识、职业实践等方面的训练。高校在开展这一系列教学时应摆脱传统英语课程教学体系的束缚，创建以市场未来需求和就业需求为导向的教学目标，建立完善的英语课程体系。做到基础英语实际训练、商务英语翻译实际训练、外贸综合技能等课程相互渗透、交叉循环，提高学生未来就业岗位知识、交际能力及商务英语翻译等能力，将学生培养成为具有高素质的复合实用型人才，提高学生的市场竞争力及就业优势。除此之外，商务英语知识能力课程、公共职业能力课程等也应不断地进行改进与完善。加强学生听、说、读、写、译等方面的训练，并结合商务礼仪、企业管理、金融、营销等领域中的行业规范对学生进行综合实训教学。强化学生多方面的知识技能，提高学生的综合职业素养。在教学过程中，高校可以加设与商务英语翻译工作相关的选修课程，使商务英语课程体系更加丰富与完善。一个完整、科学的商务英语课程体系，不仅能让学生学习商务英语基础理论知识，保证学生能熟练运用英语进行交流及翻译，还应让学生学习不同国家的文化、礼仪、风俗习惯、职业道德教育、思想政治教育等知识内容。这样，学生在未来从事商务翻译工作时才能更游刃有余。

由此可知，高校教育工作者们应不断地改变自己的教学思维模式与教学理念，在工作中不断地进行反思、总结，才能创建出更完善、更科学的人才培养模式，从而真正培养出素质高、业务能力强的人才。

第七节　商务英语口译课程的
脱壳教学模式

　　商务英语口译课程的脱壳教学模式是在商务口译环境下建立起来的、稳定的口译理论系统和具体结构框架，应根据这些系统和框架来安排口译课的授课内容和活动。该模式通过设立宏观和微观的脱壳教学模块，在完成口译基本技能授课的基础上，摆脱源语句式的束缚，实现句群之间次要信息的省略以及句群之间的整合，从而完成脱壳性转码。教师在授课过程中要以必要的商务领域背景知识和专业词汇为辅助，在这些专业知识的辅助下，学生可通过掌握商务英语口译中常见的固定语义来完成商务英语口译教学脱壳模式的学习。

　　培养商务英语专业学生的口译能力，是商务英语教学中的重要任务。在这种应用型人才的培养需求下，口译教学的目标特点体现为教学内容与职业内涵的高度统一，以及课程设置和就业能力的高度统一。由于口译课对学生的英语基本功要求较高，口译能力培养已成为本科教学的瓶颈问题。

一、口译的认知特点

　　无论是简单形式的陪同翻译，还是难度较大的同声传译和交替传译，从认知角度上来讲，其工作机制都可以归纳为输入（源语言）、认知加工、输出（目的语）三个环节。三个环节互为前提、互相作用，任何一个环节的差错都将严重影响翻译质量。大量的实践与理论研究表明，在接受同样的语言训练和语言技能水平相当的条件下，口译质量取决于元认知能力的差异，该指标可以用来反映认知加工的努力程度或认知负荷的大小。元认知概念源于美国心理学家约翰·弗拉威尔（John Hurley Flavell），它是指"个体关于自己的认知过程的知识以及调节这些过程的能力"。元认知策略经常被等同于学习策略，指学生对自己的认知过程及结果的有效监视及控制的策略。口译过程反映了元认知策略的基本要素：译者根据持续的语言输入，形成对源语言的正确理解和加工，最后形成正确的译文。在语言能力相同的前提下，译者口译效果的差异是由译者心理认知加工能力的差异造成的，这种能力取决于译者多种认知流程——输入语理解、头脑加工、抑制机制、脱壳机制、输出机制之间的平衡。口译工作具体的认知特点和工作机制在陪同、同传和交传等不同的口译形式下会有所不同，但不同的口译工作具有同一共性，即要形成良好的精力匹配模式，调整好"理解输入语""头脑认知加工"和"输出目的语"之间的关系。

在口译实践中，口译员要想顺利地完成口译任务，需要调动两大类认知模式来进行信息加工。一是源语言驱动模式，即根据源语言的输入内容，简单地进行词汇和语法层面的加工，完全折射源语言，语言层面到心理认知层面之间过渡直接且无深层加工；二是脱壳模式，即根据口译员长期记忆和储备的知识，结合现场场景，进行结合式、有选择地翻译，即所谓的脱壳。在这种认知模式下，篇章意义远远超过句子的意群和词汇含义。这两种认知和信息加工模式在口译工作过程中是相辅相成、缺一不可的。一个成功的口译员能够灵活地交替运用这两种信息加工模式。

上述关于口译认知模式的解释表明，对于基础相对薄弱的口译员和学生来说，在口译工作中运用脱壳模式非常重要。"脱壳"是指口译员摆脱源语言字词的外壳，以自然且不受源语言干扰的方式用目的语表达译文。根据法国著名口译研究专家丹尼尔·吉尔（Daniel Gile）的认知负荷模型，口译员的口译质量会受到非语言能力因素的影响，这类干扰因素包括源语言的生僻用字、语速、复杂句子的结构、地方口音等。这些不可控因素会给口译员带来认知和信息加工的额外压力，进而影响翻译的准确性。在复杂的口译现场，口译员很难做到全文折射输入语。而在口译实战中，口译员必须调动默会知识，将输入和储备的背景知识结合起来，转换为显性输出。这种依赖于源语言但又不拘泥于源语言的脱壳模式是成功口译必不可少的手段。脱壳式口译法一方面是为了减轻源语言带来的压力，另一方面也是为了符合听众的母语表达或者认知习惯。根据释意派口译理论，由于源语言和目的语之间存在文化差异，直译会导致听众的不理解。为了达到更好的沟通效果，口译员要在理解、消化输入语后，按照输出语的文化思维和表达习惯进行加工，反射给听众。综上所述，为了减少口译员压力与提高沟通效果，口译员在翻译过程中必须经历自反式知识生成过程，使用脱壳模式来进行口译。脱壳模式是口译过程的必选模式。

二、脱壳教学模式运用于商务英语口译课程中的作用

北京语言大学教授刘和平在《翻译能力发展的阶段性及其教学法研究》一文中提到，应用型人才的培养关键是"实践"，实践的途径之一是"实战"。教师在实战中教，学生在实战中学。对于商务口译教学来说，实战型授课方式的关键在于精选和组织课堂实战内容，使培训的素材和模式符合职业口译人员的实际工作需求，并使课堂内容充分体现实战特点。在培养应用型人才的背景下，培养商务英语口译人才的一个重要任务是让学生能够胜任商务谈判、商务国际会议等口译岗位。学生既要有过硬的英语基本功，又要具备一定的商务背景知识，掌握商务口译的一般规律和特征。

相比于专业口译员，商务英语专业的学生完全折射源语言的能力相对薄弱，学生在学习过程中遇到的障碍体现在以下方面：① 口译基础知识及基本技能不过关，导致口译任务中断或沟通失败；② 缺乏词块分割技能和语流预测能力，把握句群之间的逻辑架构能力弱，导致脱壳能力薄弱，从而无法真实地反映源语言的内容；③ 商务英语中常见的背景知识和专业词汇掌握得较少。这些问题表明如果在教学中不能更多地运用脱壳模式，那么学生在进入实践岗位时往往就无法胜任口译工作。

商务英语口译的匹配模式更为复杂，学生在学习过程中要合理匹配有限的认知资源，才能减少漏译和错译的概率。如果能在加强学生基本功训练的前提下，突出背景知识和常见商务场景的训练，强化词块分割技能，根据语流、逻辑框架特点进行教学，将有助于学生把更多的精力分配到口译上，降低加工背景知识所需的精力损耗。在此基础上，平时训练的背景知识和翻译场景将会通过自反式知识生成过程，提高学生信息加工速度和理解的正确性，从而大大提高口译质量。

三、商务英语口译脱壳教学模式的具体内容

商务英语口译课的脱壳翻译模式是在商务口译环境下建立起来的稳定的口译翻译理论系统和具体结构框架，并根据这些系统和框架来安排口译课的授课内容和活动。从宏观上来看，这些理论系统和框架能为具体的课堂口译活动提供纲要，为学生提供认知策略和调控策略的保障；从微观上来看，授课内容应该涵盖商务口译的绝大部分场景，从应对策略到常见句式，都应该在课堂教学中体现出来。这些宏观和微观

教学模式是在完成口译基本技能授课，如笔记、数字、听译、视译、直译、意译、增减、重复等内容的基础上建立的，可摆脱源语句式束缚，实现句群之间次要信息的省略以及句群之间的整合，从而保证脱壳以及转码的准确性。

该模式要求在授课过程中辅以必要的商务领域背景知识和专业词汇，通过掌握商务英语口译中常见的固定语义的意义，来完成商务英语口译脱壳模式的教学。这种口译教学和实践方法有别于传统的"意译"，因为"意译"是通过对源语言高度概括等方法形成的非等值输出语，源语言与目的语之间等值性较差，不能满足商务英语口译准确性高的要求。本节研究的目的是通过口译课程的脱壳教学模式来训练学生的目的语的语言表达习惯，降低其认知负荷，从而在牢固口译基础知识的前提下提高商务英语口译的准确性，为进一步的口译学习打好基础，使学生在实践中能灵活应对口译的挑战。商务英语口译脱壳教学模式的具体内容如下。

（一）基本技能训练

口译能力归根结底还是依赖于扎实的语言基本功，如果离开了基本功，那么背景训练、词块训练和技巧性的脱壳训练只能是空中楼阁。口译的基本功包括听力、口语、词汇量、阅读量、记忆力、笔记能力、数字能力等。从类型上看，这些基本功体现在陪同翻译、联络翻译、咬耳传译、交替传译和同声传译的过程中。口译课的根本任务是巩固和提高学生的英语基本功和口译基本技能。在英语本科学习的基础阶段（大一、大二期间），如果不能在词汇、阅读、听力和口语等方面将基础知识打牢，单纯靠在高年级的口译课上获取的技巧性训练经验和商务背景知识储备，那么学生是根本无法应对真正的口译场景的。对于立志在口译方面有所建树的学生来说，从进入大学进行英语专业学习时起，就需全面打牢英语基础。基础知识是形成正确语言符号转换的关键。大量的教学经验表明，学生的语言储备量不能仅依靠课堂教学来完成，课后大量的自主学习是打牢英语基本功的必要条件。教师课堂的工作任务，一方面是要进行基本功要素培养，另一方面是要引导学生形成自我学习的能力。

（二）商务背景知识训练

商务英语专业的学生在口译训练的过程中必须融入适量的商务背景知识，这种学习有助于学生自主搭建语言与背景知识之间相关性的桥梁。大量研究表明，特定专业领域的口译工作中，背景知识同笔记、数字等技能一样，是一种基于源语言逻辑关系的创新性编码工具。每一次利用这种工具的过程，都是编码—解码—再造的过程，是译者面对新矛盾寻找化解思路的语言资源管理过程。这种认知特点表明，解码过程中的认知干扰越少、已知信息越多，口译员对新信息的专注度就越高，进而可以提高口译输出的准确性。在口译过程中，学生会不自觉地调动背景知识和背景词汇，避免重复与背景知识相关的再加工过程，降低输入的认知负荷，并提高口译输出的得体度和流利度，从而最大限度地避免母语负迁移的影响。研究表明，商务口译大部分语篇的构成基础是商务背景知识、商务常用词汇和常用句型。在口译训练中掌握并储备这些背景知识和高频词汇及其表达形式，能够帮助学生理解源语，并减少输出压力。

对于学生来说，如果缺乏与商务活动相关的专业背景知识，缺乏对商务活动、金融活动领域的重要概念的了解，那么在口译过程中就会望文生义，忽略特定场景下的特殊意义。该领域的口译失误往往出于以下原因：① 有些词汇既是商务经济领域的专门术语，也是普通词汇，具有日常含义，口译员误把日常含义作为理解的方向；② 世界经济发展日新月异，商务新环境新生词汇和事件频发，旧的知识和词汇无法应对新现象和新词汇；③ 由于对商务活动特有的以及常见的句式和语言表达习惯不熟悉，在翻译过程中要经历更长的反射和加工时间。以上分析表明，在以脱壳模式为依托的商务英语口译教学中，在商务背景方面，教师既要做好商务词汇和常见商务场景的归类，也要做好常见商务场景中的商务知识与常见句式、商务信函、商务政策、商务相关法律词汇与基本知识等方面的语料库储备。教师的语料库要形成良好的难度阶梯，以此帮助学生由易到难，循序渐进地学习、复习、巩固知识。

（三）脱壳教学模式的灵活运用

在前两个环节的基础上，学生还应该进行"源语驱动"和"脱壳"两种模式并行的训练，以此培养口译过程中的认知和信息加工习惯，逐步适应无背景知识辅助条件下的口译，形成独立的口译能力。源语驱动是建立在口译员完全听懂输入语的前提下的，但是目前商务英语专业的学生仍存在大量的词汇、听力和专业背景知识的欠缺，无法实现真正的源语驱动。能灵活地运用源语驱动模式的口译人员，一般都是具有多年英语学习经历、语言能力突出、受过严格的口译训练并在实践中不断成熟的口译员。因受词汇、听力和专业背景知识欠缺等限制，完全运用脱壳模式来进行口译工作，对于本科学生来说是不科学、不现实的，除了极个别优秀的学生外，该模式是无法得到普遍应用的。

1998 年，瑞典英语教授爱腾博格通过研究发现，英语自然话语的 70%由各类词块结构组成，大部分话语是通过词块来实现的。词块是英语的基本语言单位，它们普遍存在于人脑的记忆中，而且随着人们对记忆材料熟悉度的增强，其数量也在相应地增加，从而使大脑可以存储和回忆起更多的信息。这个研究表明，如果学生能够在平时的学习中多存储这些词块的信息，就能将源语言输入信息与自身储备的认知结构及知识相比较，进而将未能全部理解的源语言信息通过储存的信息变为明示信息。这就是脱壳教学模式的核心所在。口译脱壳模式的建立依赖于两个模块的交互作用：良好的听力基础，能听懂大部分输入语；在已有词汇量的基础上输入词汇的临时含义，可以通过已有词汇量的认知提示得到该语境下的领域背景知识。

在译者进行源语言认知加工之前，背景知识是一个重要的认知准备条件，与词汇和听解具有同样重要的作用，能够帮助译者理解所听内容，从而辅助口译。建立脱壳模式的重要意义在于通过调动隐性知识，能够跨越听解过程中的障碍，使输入内容与口译员的储备知识相结合；通过调动在长期口译过程中形成的逻辑建构，口译员就能形成语流输出。在本科生的商务英语口译练习中，学生如果能多储备相关词块知识与背景知识，就会缩短实战中自我加工和信息整理的过程，减少输入负担；在大量练习的基础上，学生也能迅速模仿现成词块的表达方式，在减少输出负担的同时提高表达的正确性和地道性。

四、商务英语口译脱壳教学模式的要求

（一）大量的针对性练习

授课教师要有充足的数据库涵盖常见商务场景的语篇、句式、词汇、背景、预制词块、固定习语和搭配、逻辑衔接等内容。特别是在句式和逻辑衔接的内容上，授课教师要有内容多样的语料库。每种建模都有大量的针对性练习，使学生通过反复和大量的练习来熟练掌握该建模下的一般性翻译规律。教学的思路为：模块模式介绍—巩固练习—熟练应用—推广到类似情况。如商务会谈场景的语篇开头，演讲嘉宾首先要做欢迎致辞，那么学生在接受这种场景的口译训练时，教师授课和训练的内容应该涵盖开幕式、闭幕式的常见词汇与句式，使学生在听到一半句子的时候就能有效地预测下半句的内容；或者在没有听到上半句的情况下，仍然能根据后来听懂的句子，在有效预测的基础上，对上半句的内容进行有效的翻译。再以逻辑训练为例，学生如果接受了充分的逻辑衔接训练，就会调动逻辑模块的信息加工方式来填补空白。

例如，由于演讲者的口音严重导致口译员无法听懂全文，但是听懂了后半句由 however 引导的句子，根据平日的训练就能使其准确地判断出上半句是与下半句相反的意思。教师的语料库材料必须以真实场景为依据，训练内容要有科学性、实用性和囊括性，能够帮助学生理解一般性商务口译工作中的真实状况。通过大量的教学和课后练习，学生的口译可以实现从动作的机械化衔接到能力的自动化发挥的跨越。教师在训练过程中要避免学生走入依赖脱壳模式的误区，要在熟悉句式词汇的情况下，形成自觉认知加工而非机械应对或者套用的习惯。

（二）有效的课堂训练与课后巩固

这个过程的核心在于训练学生将内在积累的知识与输入语结合，完成显性语言输出。脱壳模式实际上是建立在大量的实践练习基础上的一种口译思维模式，学生需要不断调整认知加工模式，形成解决问题的思路和方法。在大量练习和改变原有逻辑加工模式的基础上，学生能够感知和理解口译认知加工过程，在"输入—调节—自我评价与纠正—重新输入—重新认知调整加工—再评价"这样的循环往复基础上，实现输出语表达的正确性、流畅性和完整性，完成螺旋式能力提升。课堂训练与课后巩固的最终目的是形成学生的自反式输出能力。

脱壳式口译教学是一种有意义的口译教学方式，符合生活中商务英语口译工作对人才的真实需求。但是，形成合理、全面、符合真实商务场景的整套教学语料库并据此进行有效地课堂训练，实现学生的能力螺旋式发展提升，则是一个需要长期建设、不断完善的过程。

第八节　大数据背景下商务英语翻译的
翻转课堂教学模式

随着互联网技术的高速发展，物联网、云计算、移动互联网、智能手机等已经逐渐融入人们生活和工作的各个方面，这充分表明了大数据时代的到来。随着电子书包、电子教材、iPad 等新设备的不断推出，人们逐渐意识到不断发展的科学技术和翻转课堂之间存在着内在联系：先进的技术为翻转课堂提供了发挥和发展的平台，翻转课堂为新技术的发展提供了内在动力。

一、翻转课堂教学模式的内涵

学生学习的过程与知识的内化存在着密切的联系。根据让·皮亚杰的研究，知识的内化分为同化和顺应两个过程。同化就是学习者将外界的新知识纳入自身的知识结构；顺应就是学习者改变已有的知识结构以适应新的知识内容。据此，知识的内化就可以分为同化型知识内化和顺应型知识内化。但是，根据美国学者对学生的自由落体概念的研究，知识内化的过程可以进一步分为三个类型，即同化型、顺应型和渐进型。渐进型知识内化有两个特点：① 如果正确的概念在不同的场景反复出现，那么错误概念出现的概率就会变小；② 知识的内化过程不是一蹴而就的，而是循序渐进，一点点完成的。

翻转课堂的教学模式和知识内化理论存在着千丝万缕的联系。翻转课堂来源于美国可汗学院所倡导的"视频课程"，随之引起了全世界广大学者的关注。国际上普遍使用 Flipped Classroom，其字面意思就是"翻转课堂"，这个译文形象生动，立即为学术界所采纳。翻转课堂是通过"翻转"教师和学生的角色达到知识内化的目的。传统的教学过程中，教师是课堂的中心，学生在课堂上被动地接受知识，学生课后主要通过完成教师布置的作业完成知识内化的任务。在翻转课堂的教学模式中，学生不再被动地接受知识，而是主动地去寻找知识，通过三种知识内化的途径完成学习任务。

翻转课堂的教学过程通常分为三个步骤。第一步是问题引导阶段。教师根据学生的知识储备情况，提出与新知识相关的问题，调动学生运用已有知识对新知识内容进行分析和同化。这是教学的"热身"阶段；第二步是视频观看阶段。这一阶段的教学必须要建立在第一阶段的基础上，即通过对新知识的内化，让学生清楚地知道自己对新知识的认知情况，带着问题去观看视频，再对新知识进行进一步的内化，提出新的问题；第三步是问题解决阶段。在传统的教学过程中，这个阶段是在课后通过家庭作业完成的。但是在翻转课堂的教学模式中，这一阶段被"翻转"到课上，教师不再是课堂教学的中心，反而变成了课堂讨论的参与者。教师在课堂上收集问题，对相似问题进行归类，然后将问题发还给学生，通过小组讨论等方式，鼓励学生自主地解决学习中遇到的问题。这一阶段虽然是翻转课堂的最后阶段，却是最重要的一个阶段。

二、商务英语翻译课堂采用翻转课堂教学模式的必要性和可行性

商务英语翻译课程是商务英语专业的核心课程，一般分为两个学期，教学内容多为商务文本特点分析、翻译技巧的应用、翻译实践等。基于对教学内容的考虑，教师普遍采用课堂结合翻译实例来讲解技巧和特点，课后学生完成相关翻译练习的教学方法。这种传统的教学方法旨在通过教师的课堂讲解，让学生初步掌握翻译技巧和商务文本特点，也就是对知识进行初步的内化；通过完成课后作业，学生将学习过的翻译技巧应用于翻译实践中，做到学以致用，继而完成知识的二次内化。传统的教学方法在教学实践中起到了传授翻译技巧和知识的作用，但是因为商务英语翻译是以"语言输出"为主的课程，单纯的翻译技巧知识和商务文本知识既无法满足学生在翻译实践中的需求，也无法充分地帮助学生解决翻译实践中遇到的问题。根据广西大学英语教授谢建奎所做的调查研究，以教师为主的商务英语翻译课程主要存在着以下问题：① 学生学习兴趣和积极性不高；② 翻译技巧和翻译实践"两张皮"，即翻译技巧和翻译实践之间没有联系；③ 学习翻译技巧后，学生仍然无法完成翻译实践。

鉴于以上问题，商务英语翻译课程必须进行改革。大数据时代的到来给商务英语翻译课程的改革提供了可能性，翻转课堂教学模式的发展给课程改革带来了新的思路。首先，翻转课堂的中心从教师转为了学生，这能够充分调动学生学习的积极性和主动性；其次，翻转课堂将教学内容的重心从知识的传授转换为学生问题的解决，有利于解决学生在翻译实践中遇到的问题，从而帮助学生顺应或者同化翻译技巧知识；最后，由于学生知识水平和语言程度存在差异，对于翻译知识的接受程度也参差不齐，因此学生可以根据自身的理解和接受情况，有选择地观看视频。与传统教学方法相比，翻转课堂的教学方法能更加有效地帮助学生接受新知识。

三、商务英语翻译课程的翻转课堂教学模式的设计

翻转课堂的教学模式不可简单理解为"课下观看视频—课堂解决问题"，教学模式的设计必须考虑教学目标、教学过程、学生知识储备情况等因素，因此教师必须科学地设计教学模式。

第一，视频制作。微视频是适合翻转课堂的视频形式。与一堂较正规的课堂录像相比，微视频的时间要短得多，录制形式也多种多样。但是任课教师仍然要花费大量的时间和精力研究录制微视频的技术，研究视频与教学各环节的配合。因此可以将特色示范课堂交由任课教师本人单独制作，而适合一学期或者一门课程的视频由教学组集体制作，也可由学校集体购置或者采用校际合作的方式完成。

第二，问题解决。问题解决既是检验第一阶段知识内化情况的重要一环，也是开始进行知识二次内化的重要阶段。教师应在课堂开始前收集、归纳并总结学生的问题，然后将问题发还给学生，让学生通过小组讨论的方式解决问题。教师和学生可以互换角色。教师做学生，学生做小教师。小教师可以通过给别人讲解知识进一步领悟和巩固观看视频所获得的知识。这种翻转模式的运用较为灵活，可以是小教师讲，学生听，也可以是学生先学习，然后小教师答疑。

第三，课后评价。翻转课堂教学模式可以采用及时评价策略。这种评价可以在线完成，也可以线下完成。评价形式也很多样化，如提问、小测验、课后作业以及动手操作。及时评价策略可以让教师及时掌握学生学习的进度和程度，做到心中有数。

　　第四，教材选择。翻转课堂的教学模式是最近几年才在国内兴起和发展起来的教学模式。由于适应翻转课堂教学方法的配套教材尚未得到充分的发展，无法适应翻转课堂教学的要求，因此商务英语翻译课程要想采用翻转课堂教学模式，任课教师必须根据具体教学情况编写适合教学模式的教材。教材编写必须遵循以下原则：① 教材内容和微视频的内容相辅相成，互为补充；② 教材的编写遵循从易到难的学习规律；③ 教材中必须包含与课程内容相关的学生练习部分。

第六章　商务英语翻译教学的
实践应用研究

第一节　翻译软件在商务英语
翻译教学中的应用

随着手机和互联网的普及，翻译软件也普遍应用于英语教学，学生使用翻译软件进行英语学习在很大程度上提高了学习效率。在使用翻译软件时，使用者的汉语能力在英译汉过程中起着重要作用。由于使用者对汉语和英语的掌握和理解程度不同，导致翻译软件的使用结果也不同。然而，学生的英语作业中翻译软件使用的痕迹越来越重，因此正确引导学生使用翻译软件在英语教学中具有相当重要的意义。

现在，有不少教师对学生在课堂上玩手机的情况感到头疼，与其头疼于学生课堂上对于手机的依赖，不如让手机服务于教师的课堂教学，通过课堂中翻译软件的应用来提高学生的学习兴趣和学习效率。教师可引导学生将手机里的翻译软件应用到课堂学习中，让学生将翻译软件的结果从句子的逻辑关系等方面来进行修正。翻译软件的使用频率越高，对于学生学习英语的帮助就越大。但是对语言的不同理解和学习观念的不同，以及对于翻译软件功能的不同了解都会给教学过程中翻译软件的应用效果造成差异。

一、翻译软件及影响翻译软件使用的因素

（一）翻译软件

翻译软件，是将一种语言翻译成为另一种语言的软件。无论是平时浏览网页还是阅读文献，我们都会或多或少遇到几个难懂的英语词汇，这时我们就不免要翻词典了。网上的词典工具大概可以分为两种：一种是离线词典，就是可以不用联网，只要下载、安装、运行后就可以离线翻译；另外一种是在线翻译词典，它需要我们访问一个网站，而后输入要查找的词语。

翻译工具分为广义的翻译工具和狭义的翻译工具。狭义的主要是计算机辅助翻译软件，如机器翻译、计算机辅助翻译软件、在线翻译软件、搜索引擎、语料库和文字处理软件等。

（二）影响翻译软件使用的因素

1.专业差异影响翻译软件的使用

非英语专业学生的英语水平参差不齐，和英语专业学生相比，无论是英语基础还是英语词汇等方面都更不自信，因此对翻译软件的依赖性更强，使用频率也更高。非英语专业的学生在使用翻译软件的过程中，主要用来翻译词汇和短语，很少翻译段落和文章。而英语专业的学生除上面提到的词汇和短语外，还会用来对文章进行翻译。

2.英语综合能力影响翻译软件的使用

英语综合能力低的学生，掌握的词汇量较少，因此使用翻译软件的频率高。在学习过程中，翻译软件更能提高英语综合能力水平低的学生的英语水平，对其自身学习英语的帮助也更大。

3.在校学习时间的长短影响翻译软件的使用

在校时间越短，学生使用翻译软件的情况越多，频率越高。而在校时间越长，学生利用翻译软件进行句子、段落和文章的翻译情况越少，所以很少对翻译软件得出的结果进行语序和语法结构的调整。学生在校时间短的时候，学习较为积极。但是随着在校时间的增长，学生学习的积极性下降，然后学习观念趋于平稳。

二、翻译软件的优势和局限性

（一）翻译软件在商务英语教学中的优势

1.培养学生掌握新技术的能力和独立思考的能力

在传统的英语教学中，如果没有事先预习的情况下出现疑问，学生们主要会以被动接受的状态，倾听教师的讲授和讲解，不具有发现学习的能力。把翻译软件应用在英语教学课堂中，教师可以通过讲练结合的方式来训练学生使用软件的能力。通过训练，学生对软件的应用有更深入的了解，既能够掌握软件的使用技能和方法，也可以借助科学的语料库来对数据进行分析。在使用的过程中，学生成为学习的主体，很大程度上自主支配了学习内容、学习时间、学习方法等。学生还可以通过自学，对信息进行整合，并搭建学习知识的框架，教师只进行辅助即可。通过这样的教学和总结过程，培养了学生掌握新技术和独立思考的能力。

2.开拓更广泛的知识结构

不同于以往的教学环境，应用了翻译软件后，教学内容更加生动。学生应用软件，可以搭建自己的学习平台和信息资源库，能在教师的帮助下完成学习任务，开拓广阔的知识结构。

3.培养学生的学习能力和职业素养

教师可以通过软件及时获得学生的反馈，既可以发现翻译软件存在的不足，还可以发现学生自主学习的能力是否得到培养和提高。

（二）翻译软件在商务英语教学中的局限性

运用翻译软件对汉语进行翻译的方式很多，要将汉语通过软件翻译成严谨的英语，在用词、句型和句意等方面都存在很多不利的因素。

1.用词方面

汉语中更多使用的是离合词、组合词和多义词，要想使用软件把这些词语的含义正确地翻译出来，仅从词性和词义方面进行简单的转换是不够的，还必须从语义方面进行解释。通过上下文的理解，使其翻译结果能够和源语言在语境方面保持一致。另外，汉语中词语之间没有界限，在使用软件的过程中，软件对词语的解读也会对翻译的结果产生一定的影响。

2.句型选择

汉语中经常使用大量的成语、俗语、方言和文言文等，这也会给翻译软件的使用带来阻碍，从而影响结果的准确性。

3.句意方面

由于汉语中没有时态标志，名词也没有单复数标志，这些都会给翻译软件造成困难。另外，有省略结构的句子以及需要意译的句子想要通过使用软件得到满意的效果，是难以实现的。

4.思考能力

在没有翻译软件出现的时候，英语学习者是利用自己的专业知识对原文进行理解，即使遇到生词也会利用字典来辅助翻译。如果过度的使用翻译软件，在一定程度上会影响学习者的独立思考能力。

三、翻译软件在商务英语教学中的应用

虽然翻译软件有更多优势，并且在现代信息化教学中发挥着重要作用，但教师在授课过程中还是需要对学生进行引导。

（一）尽量做到人工和翻译软件相结合

随着翻译软件功能的逐步完善，学生在使用软件过程中形成了过度依赖，对软件给出的结果完全相信。但在有些具体的需求中，翻译软件无法达到使用的最终目的。在实践过程中，应尽量以人工和翻译软件相结合的方式；在学习过程中，慢慢过渡到以学生自己翻译为主，软件翻译为辅的状态。只有这样才能提升学生的英语学习效率，从而使学生的翻译能力得到提高。

（二）积极识别翻译软件中的错误

为了提升翻译的正确率，提高学习效果，教师应该有意识地积极鼓励学生改正翻译软件中的错误，从而达到教学目标，实现教学效果。教师可以从例句入手，在讲解时先让学生进行简单的错误修正，如语序错误、语感不顺以及逻辑不通等。随着学生英语水平的提高，再引导学生去修改更复杂的错误。无论是修正简单的错误还是复杂的逻辑和语法错误，都要求学生有足够的英语水平，并具备一定的英语能力。

（三）更好地利用和开发翻译软件

基于翻译软件中存在的错误，更多的使用者希望翻译软件能够开发更符合使用者使用习惯的功能，特别是提供解决方法弥补现在翻译中存在的不足之处，并提升翻译软件人工校对结果的功能。如果能够开发更加智能或者符合学生学习习惯和使用者习惯的翻译软件，一定能提高翻译软件的使用效率。

（四）针对不同专业开发专门的翻译软件

由于专业的不同，学生在学习过程中对原文的翻译也不同。语言领域的差别导致有些词汇或者短语的意思也不同。如果能够开发出专门领域的翻译软件或者在使用软件之前可以选择相关领域，会使翻译软件更加受到学生和教师的欢迎，翻译的结果也会更加合理。

在翻译软件使用过程中，使用者要从词法、句法、句型等层面考虑。翻译软件给出的不仅是词语的意思，还会提供大量的例句，使用者可以在使用过程中学习到更多。翻译软件虽然仅仅是个软件，但翻译软件的结果往往不是最终的结果，它是辅助使用者找到最后答案的工具。这是一个学习和思考的过程，使用者需要正确对待翻译软件和翻译结果。

在教学和学习过程中使用翻译软件能够起到一定的积极作用，教师对待翻译软件的使用应该保持积极的态度，为学生提供相应的帮助。使用者可以通过各种途径和方法，对所使用的翻译软件进行学习和研究，使其更好地为学习服务。

第二节　案例教学法在商务英语
翻译教学中的应用

近年来，随着社会经济的全球化发展，我国对外贸易的发展得到迅速地提升。英语作为世界通用的语言，在对外贸易中起着举足轻重的作用。因此，商务英语翻译人才的培养显得尤为重要。商务英语翻译人才的培养重点是使学生能够很好地将理论应用于实践，用英语进行商务往来，而案例教学法正好符合这一特点。因此，高校在培养商务英语翻译人才时，需要改变传统的教学方式，采用案例教学法提高学生的应用能力和实践能力，这样做既可以更好地培养学生应用英语的能力，也可以更好地适应社会对商务英语翻译人才的需求。本节针对案例教学法在商务英语翻译教学中的应用进行探究。

一、在商务英语翻译教学中应用案例教学法的必要性

让学生能够很好地进入商务翻译的语言氛围中是商务英语翻译教学的重点。让学生置身于用英语进行沟通的商务往来环境中，能更好地提升学生的语言处理能力以及应用能力。案例教学法就是使用一些实际的例子进行商务英语的翻译教学，通过对实际案例的分析以及相关问题的解决，让学生更好地掌握英语的应用技巧。同时用实际案例进行教学可以让学生感受到商务英语的工作环境和工作氛围，能够更好地投入商务英语翻译的学习中。此外，将实际案例作为模拟测试的内容，对学生进行商务英语翻译的相关测试，可以有效地提高学生处理突发问题以及临场应变的能力。因此，利用案例教学法进行商务英语的翻译教学，能够有效地提高教学的效率以及学生掌握商务英语翻译知识的效率。

二、案例教学法在商务英语教学应用中应该坚持的原则

（一）注重学生能力的培养

传统的商务英语翻译教学方法注重对相关专业知识的掌握；实践教学法注重的是让学生通过实践更好地理解理论知识；案例教学法注重的是培养学生能够将所学的知识应用到实际的生活中，同时促进学生解决实际问题的能力以及应变能力的提升。因此，案例教学的主要目标就是提高学生的各种能力，促进学生学习能力、创新能力和实际应用能力得到提升。

（二）注重教学理论和实践的相结合

案例教学法主要是引导学生从所学的理论知识出发，结合实际情况，对实际的问题进行分析和判断，并找出相关的解决方法。案例教学法在利用理论知识指导实践活动的同时，充分调动了学生的主观能动性，让学生对实际的问题进行思考。这样做既能够有效锻炼学生的自主分析能力和判断能力，也可以促进学生对所学知识的理解与掌握。

（三）注重教学过程的双向参与

教学的过程是教师教与学生学的互动过程，因此案例教学法应该坚持的主要原则就是教师和学生的双向参与。教师在商务英语翻译教学中充分发挥指导的作用，充分调动学生学习的兴趣，学生在学习过程中充分发挥主体的作用，增强教学课堂的活跃氛围。这样做既能有效提高商务英语翻译教学的效率，也能更好地提高学生商务英语翻译学习的效率。

三、商务英语翻译教学应用案例教学法的有效策略

（一）充分地做好理论知识的铺垫

在进行案例教学前，教师需要给学生讲解清楚相关的理论知识。充足的理论知识是案例教学的基础；具有良好的翻译方法，能够很好地进行英汉语言特点对比，可以很好地理解商务术语等，以上都是案例教学得以顺利实施的前提。例如，在对商务信函进行翻译之前，不仅应该让学生掌握商务信函的文体特点、类别，还应该遵守翻译原则等理论性的知识。

（二）选择恰当的教学案例

教师在选择案例的时候要以教学目标为指导，选择在设计上和教学目标相吻合的案例。案例教学需要学生以所学的知识对案例进行理论分析，因此案例的选择还需要和教学的进度保持一致。教师选择教学案例时需要选择真实的、具有典型性的、符合商务原则以及惯例的案例，不可以随意虚构。选择的案例要符合当前国际的发展形式，需要有助于学生发散性思维的发展。教师应避免设定唯一、标准的答案去束缚学

生的思维，要给学生提供多种解决问题的路径。

（三）对案例的翻译进行讨论

案例教学中的分析和辩论的过程其实就是针对实际案例进行讨论和翻译的过程。在商务英语翻译的课堂上，教师需要尽量多地给每一名同学参与讨论的机会。首先，教师可以把全体同学分为几个小组，以组为单位进行讨论，然后总结出自己组认为最适合的翻译。其次，教师让每个组的代表上台说出自己组的翻译，并给予一定的激励，提高学生的兴趣。最后，教师给予一定的思路引导，使学生对文章内容有更深层次的理解。

（四）通过讨论最终确定译文

通过一番讨论，最后由学生自主确定译文。每个小组派代表在课堂上宣读自己小组总结出来的译文，全体同学对每个组得出的译文进行讨论，最后选出接近答案的一篇。教师对学生讨论的情况进行分析讲解，对好的分析意见和建议给予鼓励和表扬，对讨论中存在的问题及时地解答。教师要给学生好的翻译思路以引导和指导，而不是直接给学生标准答案。

（五）对翻译规律进行总结

虽然每篇文章的内容不同，但是翻译技巧在很多方面还是有一定规律的。课堂上的案例分析学习可以让学生自己总结翻译的规律，掌握翻译的技巧和规律。

第三节　互文性理论在商务英语
翻译教学中的应用

互文性理论以其独特的思考方法与实践角度，为商务英语的翻译教学过程带来了一种全新的实践方向。在该类学科的翻译教学过程中，教师要始终把学习作为教学任务的核心和目标，并从多个角度出发，采用一系列开放式的教学方法，提高学生的创新意识和能力，进而达到提高教学质量和水准的目的，使越来越多的学生成为商务英语领域的翻译新生代人才。

互文，顾名思义就是文本和文本间存在的呼应关系。互文性理论强调，无论一个文本是多么的独立，它都和其他种类的文本有着相互参考的关联。在交涉的进程中，文本和文本之间有着队形关系，也就是说，后者传承了前者。换言之，如果世界上存在的所有事物都变成了文本，那么每一个独立的文本都和它附近的文本有着无尽的关系，并且它们之间必定有着某种或多种影响。为了达到深度剖析互文性理论的目的，美国杰出的叙事学家拉尔德·普林斯（Gerald Prince）用一段话下了定义：所谓的互文性指的是一个独立的、具体的文本和它所引用、吸收、改编、扩充和在整体上进行改变的其他文本间的关系，通过这种关系能更方便地理解文本。

相像的语类特征和文本特征既是文本翻译中十分重要的两个方面，也是哲学观辩证发展的一个印证。所谓互文性，看重的是文本和文本间所存在的相互关系，这是因为文本和文本之间互相影响、彼此转换。如果想要在英语翻译中使用互文性理论，那么就应该使翻译文本尽最大可能地使用最佳的表述形式将原始文本想要描述的含义表达出来。不论是在文化上，还是在语言上，东方国家和西方国家都有着非常大的差别。要想使翻译文本与原始文本十分贴合，就要在翻译中利用好互文性。

互文性理论自从被提出，就一直深受广大学者群体的关注，这一理论也被广泛应用在不同领域的研究之中。近几年，国内的研究学者对互文性理论在翻译中的作用越来越感兴趣，同时大量的考察研究也应运而生，这渐渐为翻译学的深入探究开辟了一条全新的道路。

本节重点讲述互文性理论在商务英语翻译中的使用，以及该理论为商务英语翻译带来了怎样的作用，进而阐明如何恰当利用该理论来为商务英语翻译的教学工作带来实质性的进步。

一、互文性理论和商务英语翻译的关系

翻译是对原始文本的二次创作，它具有普通文本的创造共性和自己的独特个性。翻译文本和原始文本之间存在着互文的联系。作为语篇最重要的特点，语类是一个发

挥其语言作用来实现某一目的的活动类型。相似性和互文性是语篇所具有的特点，这两个特点既包含了语义上的类似，又包含了形式特点上的类似。例如，尽管普通英语和商务英语有着不一样的交际目标，但两者的语类类型可以保持相同。普通英语的应用范围是日常生活所需英语，涵盖许多十分口语化的英语表达。这些表达或许不专业，也可能存在歧义，但是并不会对日常的英语交流造成大的影响和不好的结果，这些日常表达能够满足人们日常生活中对英语的需求就好。相比之下，商务英语的要求就要更加严苛。这类英语的应用场合多为职场，涵盖的内容包括商务活动中所需的商贸、金融、法律条例、规章制度、新闻等。因此，特殊场合的应用要求商务英语的语言表述和表达目的等都十分严谨和专业。

不一样的语类带来的体验也是完全不一样的。文章类型的不同对语言风格也有十分重大的影响。商务英语的文风独树一帜，这是商务英语十分显著的特征。为达到交流和沟通这一目标，商务英语翻译的重中之重应该是使用一种完全不同的语言将原文表述出来，使沟通既清楚明了，又十分准确。例如，在商务英语中 "Thank you for your letter of last month." 的表述是不被允许的，而应该表述为 "Thank you for your letter dated 1st June."。第一种表述模糊不清，就会造成争议。所以在这种几近苛刻的要求下，互文性极大程度地受到商务交际活动的限制，用词被限定在一个范围内，不可逾越。也只有这样，才能在让商务英语在互文性的影响下不断发展壮大，形成一种新的语类样式。然而这并非易事，为达到这一目标，商务英语的译者要拥有海量的知识储备，从而使翻译活动中出现的业内词语和术语能够清晰准确地表述出来。商务英语有特别的应用环境，在这个环境中，互文性只能在商务交流活动中应用，这也促使了商务英语新语类的产生。

二、互文性对商务英语翻译的影响

互文性理论的中心是不同的文本之间产生的影响，并在其关注的范围内将大量的关联因素纳入其中，进而形成了一种多重对话的层面。

（一）商务英语翻译教学中的文本对话

文章是互文性的主要承载单位，也是互文性理论最根本且最关键的表现方式。文章和文章间的互相对话基本都是通过引用、模仿、使用典故等形式实现的。互文性理论表明，文章和文章间有着一种互相论证的联系，每一个文本的出现都是在对其余文本的消化和吸纳的基础上互相联系，并且在时间与空间上持续变化的。世界上没有独立于其他文本而单独存在的文本，这是因为文化是不能分割开来的一个整体，所有的文本均属于这个整体的小部分，均和剩余的文本存在着一定的相关性。

大学中开设的英语课程，大都以英语教材、授课参考书、英语讨论等多种方式为具体的授课媒介，这些媒介共同构成了完整的英语授课体系。每一个教学文本都与其他文本有着不可分割的联系，它们不受时间与空间的局限，相互影响、相互联系。学生的学习过程就是和英语教学媒介发生关系的过程，每个学生用自己适用的认知方式和英语教学媒介交流沟通。不同的学生可能会对同一个文本产生不同的理解和认知，这和学生的知识储备有关，所谓"一千个读者心中有一千个哈姆雷特"，学生和文本之间的互动使文本意义应运而生。

（二）商务英语翻译教学中的主体对话

教学活动的主体是学生，在商务英语翻译的教学中，主体对话占有十分重要的地位。这样的主体对话集中表现为学生和教师的对话、学生和学生的对话、学生和网络资源的对话。在英语授课中出现最多的对话是教师和学生的对话，在授课中，学生作为主体，教师引导学生进行课程的学习，并对教学过程进行全局把控，帮助学生进行自主学习，引导整个教学活动的方向。教师和学生可以自由讨论重要问题，并且和其他人组成团队共同合作完成任务。课程也可以通过情景假设的形式来进行，并在特定的情境中练习英语的使用能力。在学生和网络资源的对话中，学生既可以通过在线练习来提高自己的英语能力，也可以通过互联网来下载教学资料。

（三）商务英语翻译教学中的文化对话

所有的教学文章均含有一种或多种文化内容，互文性理论着重强调的是文章内容与文章形式间的互相联系和互相影响。在对文章进行解析的时候要深入思考该文章所处的文化背景。除却深入理解文章的内容，译者在分析文章的过程中也要重视文章中表现或隐藏的文化内容。要想做到这一点，就需要翻译者不断增加自身的文化积淀。作为一名学生，在学习商务英语翻译的过程中，要培养自身的分析能力，学会用与源语言相关的文化来理解并解读文章。

三、互文性在商务英语翻译学习中的作用

第一，只有清楚地理解文章的含义才能展开对文章的翻译工作。商务英语是英语类别中专业性极强的一类，从选词、词语含义、句子语法、文体选择，到文化概念的表达，都有着极强的独特性。正因如此，在翻译这类英语的时候，译者不仅要有坚实的语言功底，更应该储备行业知识。只有详尽考虑行业的特质，才能够既正确理解原文，又能够运用目的语言中的特定"行话"将原文清晰地表述出来，达到沟通、交流的目的。

第二，互文性理论有助于提高学习者的英汉语言水平。翻译行为，是一种十分典型的互文活动。译者的语言功底对翻译行为的质量有着至关重要的影响。在翻译活动的过程中，译者是原文和读者的联系纽带。在这两种不同语言的转换过程中，译者自己也在与原作者进行跨越时间和空间的沟通，并对原文重新构造。作为一种在工作场合中已普遍使用的语言类型，商务英语对用词、句法都有其独特的要求。正因如此，该类翻译活动有其独特的标准，即词汇专业，用句简练，文体庄重，格式规范。这时如果译者有海量的专业词汇和专业的知识储备，就能达到准确翻译商务文本的目的。正是因为不同文本之间的相互影响和相互关联，所以互文性理论在文本中的作用不能被忽视。和语境的关系十分密切的原始文本和译文文本不仅含有相似的词语和句子，同时它们在文章中都有其存在的语言环境，只要语言环境适合，就能够直接使用。

第三，互文性阅读有助于丰富学习者的文化知识储备。篇章阅读不仅是熟悉语言规范的过程，也是慢慢累积语料知识的过程。语句是组成一篇文章的要素，一个语句需要发音规范、语法规则，并可以阐明某一词语在某一语言环境中的具体意义。更为关键的是，它蕴藏着多样的文化相关知识。只有译者多读书，才能在脑海中积累起自己的材料，继而逐渐建立起属于自己的语料库。译者在能够熟练运用翻译技巧以后，就可以顺利地进行翻译工作。

第四，互文性理论有助于学生适应两种语言中互文语篇的结构。商务英语中的文章类型多种多样，因此它们拥有特定的意识表现和不同的篇章构成。因而，译者在重组翻译文本的时候，不可以套用原始文本的语句结构，而是应该考虑文本中各个段落之间的关联性和目的语言的篇章结构，最后使用读者容易接受的方式来将译文呈现出来。否则，翻译出来的内容将不能让广大读者欣赏到原始篇章的美和价值。

第五，互文性阅读有助于学习者发挥译者主体性。互文性理论告诉我们，原始篇章和目的语言的篇章也存在互文关系。因此在翻译的过程中，译者要先阅览整篇文章，然后生产出互文性的目的语言成果。译者的知识越丰富，对文章的品鉴能力越强，就越能够对原始篇章进行重构发挥。

四、互文性在商务英语翻译教学中的应用策略

（一）实施开放式教学

商务英语翻译的专业性非常强，要想实施开放式的教学模式就应该让授课理念、授课内容和授课方式变得更加开放。开放式的授课理念，即把学生当作主体，向学生提供适宜学习的开放的气氛，同时加强对学生的商务英语知识素养的培养，并保证教学目的的实现。开放式授课的目标是使教师挣脱教材的思维禁锢，让教师根据教学大纲的要求，依据商务文本的不同种类和不一样的特点对教学内容实施适宜的改编、重组。教师应该利用好网络素材和英语原版素材，选取代表性强或者可以利用的部分，增添到授课内容里，以此来扩充授课内容，使教学更丰富多彩。实施开放式的授课模式，是达到开放式授课、推广并充分利用互文性理论不可缺少的方式。作为一门专业性非常强的学科，商务英语翻译的课程不能仅靠教师上课时教授的知识，学生也要将自己融入商务情景里，通过实践使自身知识和将要获得的知识产生作用。除却专业知识，学生也应该培养出商务翻译的专业素养和职场能力。

（二）实现译者身份的动态转换

站在互文性的角度上，商务英语的翻译过程可以看作一种跨越语种、跨越专业、跨越文化的活动。学生们不仅仅是文章的阅读者，更是文章含义的阐明者，也是将文章改编为其他语言的编写者。如何能够让学生成功地意识到这些不同的身份，并进行身份的自由转换，是商务英语翻译教学中的重点和难点所在。授课的过程中，教师不能忽视知识的拓宽，要积极地促进学生对各种体裁的文章进行深入挖掘。教师作为知识的载体，要帮助学生增强学习兴趣和能动性，让学生养成自主查阅资料的习惯，引导学生在具体的商务情景下对需要翻译的文本开展互文性的研读。作为学生，应该对原始文本的内在含义进行深度分析和思考，以达到译文文本和原始文本的互相对照

和互相影响，进而更深入地理解原文。学生应该对不同的翻译版本进行对比查看，以达到深入理解互文性理论对商务翻译具体功能的影响，从而达到不同身份的自由切换。

（三）培养学生的发散思维

要想提高学生在商务英语翻译中的能动性和创新能力，教师就要帮助学生提高发散思维能力。这样一来，学生对语言的把握能力也会相应提高。作为一种动态性非常高的活动，商务活动中的商务交流会因经济的飞速发展而变得愈加复杂，因此只有加大对学生发散能力的培养力度才能使商务英语翻译一直发展下去。要实现这一目标，可以利用多种途径，如建立氛围轻松的授课环境，让学生能够勇敢地表述自己对于文本的理解和思考，将学生的潜能全部激发出来；鼓励学生采用多种方式翻译同一篇文本，既能够提升学生的思维灵活性，让学生从多个角度来翻译创作，也能非常有效地提高学生的思维能力。

（四）提倡多元文化的考查方式

对于商务英语来说，考查的方式分为开卷考试和闭卷考试，考查方式非常单一。单一的考查方式，不能客观地判定学生的学习状态。要想实现多样化的考查方式，就要综合考虑考试的作用、方式、客体和主体等元素，要从多元化的考试作用和方式、多元化的客体和主体等多个角度来评判。同时，对学生的要求相应提高，不仅要使学生灵活掌握商务英语的知识与技能，更要让学生扩大知识面。评价的客体也会改变，它们可以是个人和团体，也可以是事件。评价可以是学生间的相互评价、学生自我评价，也可以是教师和学生间的相互评价。运用这样的考查方式，可以十分有效地提高商务英语的翻译授课成果，并在提升学生对专业知识的掌握能力上有十分显著的功效。

从上面的论述可以看出，互文性理论的理解和创造对商务英语的翻译授课具有十分重要的作用和深远的意义。在教学的过程中，教师不能停下探索的脚步，应该主动更新授课的方式和内容，尝试使用更加有效的授课手段。根据不同的商务活动的需求，增强学生的翻译素养，更大程度地实现教学目标，让更多的学生成为优秀的商务英语译者。

参考文献

[1]邓铁，乔志杰. 功能对等翻译理论与药品说明书的英译汉策略[J]. 河北北方学院学报，2014，30(3)：7-11.

[2]何安平. 语料库语言学与英语教学[M]. 北京：外语教学与研究出版社，2004：1.

[3]寇鸽. 案例教学法在本科英语翻译教学中的应用[J]. 科技信息，2014(3)：83，105.

[4]黎春艳. 互文性理论对商务英语英译的影响及作用分析[J]. 南昌教育学院学报，2013 (5)：139-141.

[5]刘晖. 自建平行语料库在高职商务英语翻译教学中的应用[J]. 中国科教创新导刊，2010(16)：110.

[6]刘思岑. 案例教学法在商务英语翻译教学中的应用[J]. 神州：下旬刊，2013(11)：108.

[7]罗耀慧. 互文性理论在商务英语翻译教学中的应用研究[J]. 吉林广播电视大学学报，2014，6(26).

[8]邵巍. 功能对等理论对电影字幕翻译的启示[J]. 西安外国语大学学报，2009(2)：89-91.

[9]汪敏飞，蒋林. 杜撰词的象似性与翻译中的功能对等[J]. 中国科技翻译，2012，25(3)：18-21.

[10]王克非，秦洪武. 论平行语料库在翻译教学中的应用[J]. 外语教学与研究，2015，47 (5)：763-772

[11]王克非. 双语平行语料库在翻译教学上的用途[J]. 外语电化教学，2004(6)：27-32.

[12]王璐. 从奈达功能对等理论的角度看隐喻翻译[J]. 常州大学学报，2012(1)：101-104.

[13]王淼，郭林．案例教学法在商务英语翻译教学中的应用[J]．课程教育研究，2013（26）：94．

[14]韦汉，张平，钟慧连．基于机读语料库的商务英语翻译教学[J]．福建教育学院学报，2014，15(4)：103-105．

[15]杨爱萍．商务英语多维度案例教学模式[J]．前沿，2013(23)：130-132．

[16]杨鹏鲲．互文性理论在商务英语翻译教学中的应用评价[J]．长春教育学院学报，2015，31（2）．

[17]张博宇．浅谈互文性理论在商务英语翻译教学中的应用[J]．教育探索，2012（8）：59-60．

[18]郑曦．浅谈商务英语的案例教学法[J]．时代报告：下半月，2013(2)：35．

[19]周海昕．商务英语案例教学研究与实践[J]．中国科教创新导刊，2013(13)：20-22．

[20]周玉林．试论商务英语语料库的建设及其应用[J]．长沙铁道学院学报：社会科学版，2010，11(1)：148-157．